Mosaik bei
GOLDMANN

Buch

Alles um uns herum verändert sich, doch wenn es darum geht, falsche Verhaltensmuster zu durchbrechen, fehlt uns oft der Mut. Dabei können wir auch uns selbst und unsere Lebensbedingungen immer wieder neu erschaffen und so unsere Träume und Wünsche wahr werden lassen. Neale Donald Walsch zeigt, wie sich diese Wandlungsprozesse voller Vertrauen auf sich selbst und auf Gott umsetzen lassen und welche Möglichkeiten für ein erfülltes Leben sich dadurch ergeben.

Autor

Neale Donald Walsch hat gemeinsam mit seiner Frau Nancy in der Abgeschiedenheit der Wälder von Oregon eine Stätte der Selbstbesinnung gegründet. Er gibt Workshops und hält zahlreiche Vorträge, um seine Einsichten und Botschaften einem möglichst großen Publikum vorzustellen.

*Von Neale Donald Walsch außerdem
bei Mosaik bei Goldmann*

Bring Licht in die Welt (16451)

Neale Donald Walsch

Erschaffe dich neu

Aus dem Amerikanischen
von Susanne Kahn-Ackermann

FSC
Mix
Produktgruppe aus vorbildlich
bewirtschafteten Wäldern und
anderen kontrollierten Herkünften

Zert.-Nr. SGS-COC-1940
www.fsc.org
© 1996 Forest Stewardship Council

Verlagsgruppe Random House FSC-DEU-0100
Das für dieses Buch verwendete FSC-zertifizierte Papier *Munken Print*
liefert Arctic Paper Munkedals AB, Schweden.

4. Auflage
Vollständige Taschenbuchausgabe Mai 2003
© 2003 der deutschsprachigen Ausgabe
Wilhelm Goldmann Verlag, München
in der Verlagsgruppe Random House GmbH
Originalverlag: Hampton Roads Publishing
Originaltitel: ReCreating Your Self
© 1995 Neale Donald Walsh
Dieses Werk wurde vermittelt durch die Literarische Agentur
Thomas Schlück GmbH, 30827 Garbsen
All Rights Reserved.
Umschlaggestaltung: Design Team München
Umschlagillustration: Zefa/SIS
Redaktion: Annette Gillich
Layout und Satz: Rita Gerstenbrand
Druck und Bindung: GGP Media GmbH, Pößneck
Kö · Herstellung: Max Widmaier
Printed in Germany
ISBN 978-3-442-16443-1

www.mosaik-goldmann.de

INHALT

Einleitung 9

Worauf das Leben hinaus will 13

So etwas wie Realität gibt es nicht 19

Wellen schlagen 21

Wie man durch Wände geht 27

Es geht um bewusste Schöpfung 43

SCHRITT 1:

Erkennen Sie Ihr Selbst als den Schöpfer/die Schöpferin all dessen an,
was Sie neu erschaffen möchten 49

SCHRITT 21:

Erledigen Sie Ihre unerledigten Angelegenheiten 66

Die Wahrheit, die wir die unsere nennen …
Ist sie das? 74

Es wimmelt nur so von unseren entstellten
Wahrnehmungen 76

Die eigene Erfahrung als Realität erkennen 84

Die Rolle, die das Sprechen der Wahrheit
spielt 96

SCHRITT 3:

Entscheiden Sie, was jetzt für Sie wahr ist 104

Die Welt ist voller Schlafwandler 110

Dehnen Sie Ihre Entscheidungen auf Ihre
Zukunft aus 114

SCHRITT 4:

Entscheiden Sie, was für Sie in der Zukunft
wahr sein wird 115

Zurückfallen in alte Gewohnheiten
und Muster 121

Die Schritte und Prinzipien in
diesem Buch 124

Schlussbemerkung 126

Register 127

Zum Gedenken an
Dr. Leo Bush
aus Caspar, Wyoming,
dessen Leben eine Demonstration von
so vielem war,
was es bedeutet,
sich auf der höheren Ebene zu bewegen,
sich für die großartigere Wahl zu entscheiden,
ein sanfteres Wort zu sprechen
und
im positiven Gewahrsein zu leben
vom Guten,
das jeder Person und Situation innewohnt.

Einleitung

Willkommen zu einem der wichtigsten Bücher, das Sie je lesen werden.

Sie werden etwas über die Bedeutung des Lebens erfahren. Sie werden die Schlüssel zum Universum erhalten. Ihnen werden die Instrumente an die Hand gegeben, mit denen Sie sich das Leben gestalten können, das Sie sich immer ersehnten – das Leben Ihrer Träume.

Ihr Leben wird sich in wesentlicher Hinsicht ändern. Das gilt auch für das Leben aller anderen. Alles Leben verändert sich überall auf diesem Planeten.

Das kann Ihnen nicht entgangen sein. Es geschieht auf allen Ebenen: auf politischen, geophysikalischen, ökonomischen, theologischen, psychischen und philosophischen Ebenen. Und wenn Sie nicht verstehen, was es mit dem Leben auf sich hat, wenn Sie die Schlüssel zum Universum nicht in den Händen halten, nicht das Werkzeug besitzen, mit dem Sie Ihre Träume verwirklichen können, werden Sie sehr wahrscheinlich nur den *Auswirkungen* all dieser Veränderungen unterworfen sein, statt die Position des oder der *Bewirkenden* einzunehmen.

Als Erstes gilt es zu verstehen, dass dies hier nicht bloß schöne Worte sind. Ihr Leben *wird* sich verändern ... *mit Ihrem oder ohne Ihr Dazutun.* Das Leben ist sehr unparteiisch. Es ist ihm gleichgültig, ob Sie am Erschaffen der Veränderung beteiligt oder nur ein unbeteiligter Zuschauer sind. Es lässt Ihnen natürlich die *Wahl,* aber es ist ihm gleich, wofür Sie sich entscheiden. Es fährt in seinen Prozessen fort, unabhängig davon, ob Sie als aktive Partnerin oder aktiver Partner dabei sind oder nicht.

Sich das zu merken ist wichtig. Das Leben geht weiter, ob Sie sich fortbewegen oder nicht. Und damit sind wir beim ersten der vielen Prinzipien angelangt, die wir in diesem Buch erkunden.

PRINZIP 6

Leben ist Bewegung.

Und was ist mit den Prinzipien eins bis fünf?
Sie werden im ersten Buch dieser Reihe, *Bring Licht in die Welt,* erklärt. Mit diesen Publikationen reagiere ich auf die Bitte, den Informationsreichtum, der sich in *Gespräche mit Gott Band 1* findet, so aufzubereiten, dass er sich im Alltag umsetzen lässt. Jedes dieser Bücher steht für sich, fließt aber in einen beständigen Prozess des Erkundens der Weisheit und Erkenntnisse des umfassenderen Buches mit ein.

Die hier vorgelegte zweite Publikation der Reihe befasst sich mit dem Prozess der Wiedererschaffung, welcher natürlich der Prozess des Lebens selbst ist.

Worauf das Leben
hinaus will

Das Leben – das, was wir »Leben« nennen – ist in Wirklichkeit ein Prozess. Ein Prozess ohne Anfang und Ende. Die meisten Menschen haben Schwierigkeiten, sich das vorzustellen, da wir in einer linearen Welt leben, in der es einen Anfang und ein Ende gibt. Doch in *Gespräche mit Gott* wird uns gesagt, dass es in der Welt des Absoluten *keinen* Anfang und *kein* Ende gibt. Dort ist einfach Alles Das Ist.

Alles Das Ist ist alles, das je war, und alles, das je sein wird. Manche Menschen betrachten das als ein Geheimnis des Lebens. Doch hier ist ein noch größeres Geheimnis: *Alles Das Ist* ist kein »*Ding*«. Es ist kein Gegenstand, kein Wesen, kein Irgendetwas. Es ist ein Prozess.

Ein Prozess.

Kapieren Sie das? Verstehen Sie das? Gott ist nicht ein *Jemand* oder ein *Etwas*. **Gott ist ein Prozess.**

Das ist vielleicht der erste wirklich neue Gedanke, der Ihnen seit langem in Bezug auf Gott übermittelt wurde, also denken Sie darüber nach.

Gott ist ein Prozess. Dieser Prozess ist das, was wir Leben nennen. Und daher: **Gott ist Leben.**

Und worauf ist das Leben (Gott) aus? Nun, das Leben ist – in Anleihe an den Titel eines der Werke des genialen Ernest Hemingway – *A Moveable Feast,* ein bewegliches Fest. (Der Titel des Buches im Deutschen: *Ein Fest fürs Leben.*) Leben heißt … *sich bewegen und bewegt werden*. Leben ist … Energie in Bewegung. Und es ist *immer* in Bewegung. Nicht nur zeitweilig, nicht nur einen Teil der Zeit, es ist die *ganze* Zeit in Bewegung.

Das hilft uns, eine Tatsache des Lebens zu verstehen, nämlich die, dass sich das Leben fortwährend verändert. Es bleibt nicht dasselbe

Leben. Wie könnte es auch, da es sich *fortwährend bewegt?*

Bewegung ist Veränderung. Alles, was sich bewegt, verändert sich. Und wenn schon nichts anderes, dann verändert es die Position. Und damit kommen wir zu ...

PRINZIP 7

Alle Bewegung ist Veränderung.

Wenn ein Ding sich bewegt, ist es nicht mehr »dasselbe« wie zuvor. Der Akt seiner Bewegung bewirkt eine Veränderung in seinem Selbst. Auch eine Veränderung der Position bewirkt eine Veränderung der Substanz, denn damit ergibt sich eine Veränderung des Kontextes, und Kontext *ist* Substanz in unserem Leben. Anders ausgedrückt: Nichts ist, aus seinem Kontext herausgenommen, was es zu sein scheint. Im Leben bedeutet die Position alles. Denn aus unserer Position ergibt sich unsere *Perspektive* .
Und die Perspektive erschafft Realität.

PRINZIP 8

Die Perspektive
erschafft Realität.

Die Dinge sind nicht, was sie zu sein scheinen. Das könnte das Wichtigste sein, das Sie je lernen. Vielleicht haben Sie es schon gelernt. Das wäre gut, denn dann hat es Ihnen zweifellos eine Menge Ärger erspart, eine Menge Schmerz.
Wenn sich ein Mann einem anderen Mann im Einkaufszentrum nähert und ihm einen Klaps auf den Hintern gibt, könnte er darauf eine ausgesprochen negative Reaktion bekommen.
Wenn hingegen zwei Männer für die Denver

Broncos Football spielen und einer dem anderen einen Klaps auf den Hintern gibt, macht das gar nichts aus. Tatsache ist, dass es etwas ausmacht, wenn er es nicht tut.

Sie sehen also, Kontext ist alles. Die Perspektive erschafft Realität.

Ein amerikanisches Paar auf Urlaub in Mexiko ist schlecht gelaunt, weil es schon seit drei Tagen regnet. Der Mexikaner, der das kleine Hotel führt, in dem sie wohnen, ist hingegen glücklich. »Hält den Staub unten«, sagt er lächelnd.

Der Standpunkt ist von entscheidender Bedeutung.

So etwas wie Realität
gibt es nicht

Nun, da die Dinge sich fortwährend bewegen, verändert sich auch der Kontext, in dem wir unser Leben erleben, fortwährend. Deshalb verändert sich fortwährend die Perspektive. Deshalb verändert sich fortwährend die Realität.

Anders ausgedrückt, es gibt keine »Realität«. Denn was ist real, wenn sich die Realität immerfort verändert?

Die Antwort lautet: nichts.

Das ist eine tiefgründige Antwort. Das ist eine große Wahrheit. Das ist höchste Weisheit.

Doch viele Menschen empfinden diese Antwort als schmerzlich. Sie wollen, dass die Dinge so bleiben, wie sie sind, dass sie sich nicht verändern. Und das ist der eine Wunsch, den das Universum nicht erfüllen kann. Es weiß nicht, wie es das bewerkstelligen soll. Denn es kann nicht sein, was es nicht ist, und das Einzige, was es nicht ist, ist das Unwandelbare.

Daher suchen die Menschen, die nach dem Unwandelbaren suchen, vergeblich.

In ihrer Verzweiflung darüber, dass sie in ihrer gegenwärtigen Erfahrungswelt nichts Unveränderliches ausfindig machen können, blicken sie zum Himmel hinauf und erklären, dass Gott das Ding sein muss, das sich nicht ändert.

Dies wird zu ihrem Anker, zu ihrer Zuflucht im Sturm. Doch Gott ist kein Anker, der uns davor rettet, dass wir abgetrieben werden. Gott ist ein *Segel*, das uns aufs Meer hinausführt. Denn dort findet das Abenteuer statt.

Wellen schlagen

Wenn Sie dies nicht sehen, dies nicht begreifen, sich nicht mit dem Rest dieses Allen bewegen, ist Schmerz die Folge. Sie *werden* sich natürlich bewegen, denn alles Leben bewegt sich – es kann sich nicht *nicht* bewegen – auch Sie können sich nicht nicht bewegen. Aber Sie können es versuchen.
Doch dies wird Ihnen Schmerzen verursachen. Und es wird sich als fruchtlos erweisen. Denn nichts bleibt statisch. Nichts bleibt unverändert. Nichts steht still. Alles bewegt sich immerfort. Lassen Sie also zu, dass Sie mit dem Strom schwimmen. Erwischen Sie die Welle, schwimmen Sie auf der Welle, surfen Sie.
Sie werden ertrinken, wenn Sie es nicht tun.
Die Welle wird sonst mit Ihnen machen, was sie will.

Die Welle wird ohnehin machen, was sie will – das können Sie sich schon mal merken. Sie wird Sie genau dahin bringen, wohin sie sich bewegt. Dies führt uns zur nächsten Frage:
Sind Sie damit zufrieden, einfach auf den Wellen zu schwimmen und sich dahin tragen zu lassen, wohin sie eben rollen, oder haben Sie vor, dahin zu gelangen, wo *Sie* hingelangen wollen?
Wenn Sie sich für Letzteres entscheiden, gibt es nur eine Möglichkeit, dies zu bewerkstelligen.
Sie müssen die- oder derjenige sein, die oder der *Wellen macht.*

Wenn Sie ein Mensch sein wollen, der nie »Staub aufwirbelt«, nie »Wellen schlägt«, dann ist dieses Buch nichts für Sie. Jeder Mensch, der das Leben gemeistert hat, hat Staub aufgewirbelt. Alle Meister und Meisterinnen haben »Wellen geschlagen«. Einer oder zwei von ihnen haben sogar die Schleusen geöffnet und Wasser in die Wüste gebracht. Das heißt, sie haben das Leben auf diesem Planeten verändert. Sie hatten einen gewaltigen Einfluss.

Auch Sie werden eine Auswirkung haben – und sie könnte sogar gewaltig sein –, wenn Sie die Lektionen in diesem Buch zur Anwendung bringen.

In diesem Buch geht es um das Wiedererschaffen Ihres Selbst. Es geht darum, dass Sie sich in der großartigsten Version der größten Vision, die Sie je über Wer Sie Sind hatten, wieder neu erschaffen.

Wenn Sie sich aufmachen, ein solches Ziel zu verwirklichen, wenn Sie sich auf ein solches Ideal einlassen, wenn Sie bestrebt sind, sich auf eine solche Ebene zu erheben, werden Sie »Staub aufwirbeln«, werden Sie »Wellen schlagen«. Daran können Sie sich gleich mal gewöhnen. Sie werden alles über den Haufen werfen. Sie werden nicht nur auf Ihr eigenes, sondern auch auf das Leben anderer Leute Einfluss nehmen. Weil man Sie zur Kenntnis nehmen wird.

Sie können keine Veränderungen vornehmen, können sich nicht auf diese Weise, die wir hier meinen, wieder neu erschaffen, und unbemerkt bleiben.

Jeder Meister wird wahrgenommen... und wir sprechen hier davon, dass Sie zur Meisterschaft gebracht werden.

Sind Sie für die Reise bereit? Sind Sie auf das Unternehmen vorbereitet? Dazu müssen Sie mutig sein. Dazu müssen Sie tapfer sein. Sie müssen es bis oben hin satt haben, Sie müssen *absolut genug* davon haben, wie sich die Dinge in Ihrem Leben für Sie gestalteten, und voll und ganz willens sein, *eine neuere Welt anzustreben*.

Jemand sagte einmal, man brauche nur drei Eigenschaften, um Größe zu erlangen.

Wagemut. Wagemut. Wagemut.

Er hatte Recht.

Alles, was Sie bis zu dieser Stelle gelesen haben, gründet sich auf die Aussage, dass das Leben Bewegung ist. Eine Aussage, die uneingeschränkt von empirischen Beweisen gestützt wird. Man kann irgendetwas, wirklich irgendetwas Beliebiges aufsammeln, das man im Leben sieht, und wird dann, wenn man es unter dem Mikroskop betrachtet, entdecken, dass es sich aus winzigen Materieteilchen zusammensetzt, *die sich allesamt in Bewegung befinden.*

Es gibt nichts, absolut nichts, was Sie sehen, das sich *nicht* in Bewegung befindet. Auch das, was Sie *nicht* sehen, befindet sich in Bewegung. Und genau aus diesem Grund sehen Sie es nicht. Es bewegt sich so schnell, dass Sie es gar nicht sehen können!

Somit stellen wir fest, dass Alle Dinge Dasselbe Ding sind – nämlich einfach Energie in Bewegung. Diese Bewegung nennt man manchmal *Schwingung.* Und die Geschwindigkeit dieser

Schwingung bestimmt darüber, ob etwas für unser Auge „sichtbar" oder „unsichtbar" ist. Für Menschen, die diese Dinge sehen können, die sich überaus schnell bewegen, *sind alle Dinge sichtbar.*

Man sagt, dass Christus ein solcher Mensch war. Und auch viele andere Meister und Meisterinnen. Deshalb konnten sie schon immer augenscheinliche Wunder vollbringen. Sie sehen einfach mehr.

Wie man durch Wände geht

Jedermann hält es für erstaunlich, dass Jesus augenscheinlich durch Wände gehen konnte. Doch Jesus selbst hielt das überhaupt nicht für erstaunlich. *Er achtete einfach darauf, wo er hinging.*

Zunächst einmal bemerkte Jesus, dass er, wie auch alles andere im Leben, aus 99,9 Prozent *Raum* bestand. Und er beobachtete auch, dass sich das restliche 0,1 Prozent Materie ständig in Bewegung befand. Das heißt, die Materieteilchen waren fortwährend in Bewegung. Er brauchte also nur sehr genau auf die Materie zu achten, aus der er selbst bestand ... und dann buchstäblich *aufzupassen, wo er hinging.*

Genau so verfuhr er auch mit der Materie, aus der die Wand bestand. Um durch die Wand zu

gehen, brachte er *seine* Materie dahin, wo die Materie der *Wand* nicht war. Mit anderen Worten, er ging gar nicht durch sie *hindurch,* sondern *bewegte sich an ihr vorbei!*
Verstehen Sie? Begreifen Sie, was Ihnen hier gerade übermittelt wurde? Das ist ein großes Geheimnis. Erfassen Sie es?
»Stößt« jemand in seinem Leben auf ein Hindernis, fragen wir im angelsächsischen Sprachraum oft: »What's the *matter*?« (»Was ist los?« Wortwörtlich übersetzt: »Was ist die *Materie?*«) In der Tat eine sehr angemessene Frage. Und deshalb sagen wir auch, wenn die Dinge gut laufen und wir uns mit keinen Hindernissen konfrontiert sehen, dass wir »in a good *space*« sind, dass wir uns »in einem guten *Raum*« befinden.

Nun wird es wahrscheinlich ein Weilchen dauern, bis Sie die Dinge so klar sehen können wie ein Meister oder eine Meisterin. Jesus konnte buchstäblich in die Wand und in sich selbst und in alles andere im Leben hineinsehen und zwischen Raum und Materie unterscheiden. Deshalb wusste er immer, was »Materie«, was los war! Und er wusste auch, dass zu 99,9 Prozent der Zeit gar nichts »Materie« war.

Diese Fähigkeit, in ein Objekt (oder auch einen Gedanken, der einfach nur ein sich schneller bewegendes Objekt ist) hineinzusehen, nennt man *Einsichts-* oder auch Einfühlungsvermögen. Alle Menschen besitzen es in dem einen oder anderen Maße, und manche in einem sehr hohen Maß. Nicht viele verfügen darüber in dem Ausmaß, das Jesus an den Tag legte ... aber alle Menschen sind zu diesem Maß *fähig,* wenn sie sich dazu *entscheiden.*

Das können manche Menschen nicht glauben. Sie können nicht glauben, dass ihnen die gleichen Fähigkeiten gegeben worden sein könnten, wie Jesus sie hatte – ja, dass sie sie tatsächlich *haben*. Doch dieses Maß an Glauben, diese Ebene des Glaubens ist der Schlüssel dazu, dass wir die *Erfahrung* dieser Gaben machen können.

Jesus selbst sagte: »Es geschehe euch nach eurem Glauben.« Und er sagte auch: »Frau, dein Glaube ist groß. Was du willst, soll geschehen.« Und von dieser Stunde an war ihre Tochter geheilt. Und er sagte: „Wenn euer Glaube auch nur so groß ist wie ein Senfkorn, dann werdet ihr zu diesem Berg sagen: Rück von hier nach dort!, und er wird wegrücken. **Nichts wird euch unmöglich sein.**«

Wenn Sie aber (wie so viele Leute) dennoch nicht an sich selbst und an Ihr göttliches Erbe glauben können, dann lädt Sie Jesus in einem Akt gewaltiger Liebe und ungeheuren Mitgefühls ein, an ihn zu glauben.
»Amen, Amen, ich sage euch: Wer an mich glaubt, wird die Werke, die ich vollbringe, auch vollbringen, und er wird noch größere vollbringen, denn ich gehe zum Vater. Alles, um was ihr in meinem Namen bittet, werde ich tun, damit der Vater im Sohn verherrlicht wird. Wenn ihr

mich um etwas in meinem Namen bittet, werde ich es tun.«

Ist das nicht ein außergewöhnliches Versprechen? So groß und umfassend war Jesu Kenntnis davon, wer er war und wer Sie sind (»Ich und der Vater sind eins«, sagte er, und später: »Ihr seid alle Brüder«), dass er zutiefst wusste, dass es keine Grenzen gibt für das, was Sie tun können, wenn Sie an *sich selbst* oder an *ihn* glauben.

Könnte es sein, dass hier Jesu Absichten falsch verstanden wurden? Dass sie fehlgedeutet wurden? Nein. Seine Worte sind überaus klar. Er wollte, dass Sie sich als eins mit dem Vater betrachten, so wie er eins mit Gott ist. So groß war seine Liebe für die ganze Menschheit, und so voller Mitgefühl war er für ihr Leiden, dass er sich dazu aufrief, sich zur höchsten Ebene zu erheben, sich zum großartigsten Ausdruck seines Wesens und Seins aufzuschwingen, um allen Menschen allerorten ein lebendiges Beispiel zu geben. Und dann betete er, betete er zutiefst darum, dass wir nicht nur *sein* Einssein mit dem Vater, sondern auch das *unsere* erkennen würden. »Und ich heilige mich für sie, damit auch sie in der Wahrheit geheiligt sind. Aber ich bitte nicht nur für diese hier, sondern auch für alle, die durch ihr Wort an mich glauben. Alle sollen eins sein: Wie du, Vater, in mir bist und ich in dir bin, sollen auch sie in uns sein, damit die Welt glaubt, dass du mich gesandt hast. **Und ich habe ihnen die Herrlichkeit gegeben, die du mir gegeben hast; denn sie sollen eins sein, wie wir eins sind.**«

Sehr viel klarer kann man sich nicht ausdrücken. In *Gespräche mit Gott* wird uns gesagt, dass wir alle Glieder des Leibs Gottes sind, obgleich wir uns einbilden, getrennt zu existieren und überhaupt kein Teil von Gott zu sein.

Christus verstand die Schwierigkeiten, die wir mit dem Glauben hatten, Teil Gottes zu sein, Teil von Gottes *Leib*. Doch Christus selbst *glaubte das von sich*. Von daher war es für ihn eine ganz einfache Sache (und eine wundervolle Eingebung), jene, die sich nicht vorstellen können, ein Teil *Gottes* zu sein, dazu einzuladen, sich vorzustellen, ein Teil von *ihm,* Christus, zu sein. Denn er hatte ja schon erklärt, dass er selbst ein Teil Gottes war ... und wenn wir nun glauben konnten, ein Teil von *Christus* zu sein, waren wir *logischerweise auch ein Teil Gottes.*

Jesus muss diesen Punkt viele Male hervorgehoben haben, denn es finden sich in der Bibel zahllose Hinweise darauf, sowohl in seinen Lehren wie auch in den Kommentaren dazu.

Wenn wir einfach ein paar dieser verschiedenen Aussagen nebeneinander stellen, ergibt sich ein außergewöhnliches Bild der Offenbarung.

»Ich und der Vater sind eins.« (Johannes 10, 30)
»Und ich habe ihnen die Herrlichkeit gegeben, die du mir gegeben hast; denn sie sollen eins sein, wie wir eins sind, ich in ihnen und du in mir. So sollen sie vollendet sein in der Einheit.« (Johannes 17, 22-23)
»Ich habe ihnen deinen Namen bekannt gemacht und werde ihn bekannt machen, damit die Liebe, mit der du mich geliebt hast, in ihnen ist und damit ich in ihnen bin.« (Johannes, 17, 26)
»So sind wir, die vielen, ein Leib in Christus, als einzelne aber sind wir Glieder, die zueinander gehören.« (Römer 12, 5)
»Wer pflanzt und wer begießt: Beide arbeiten am gleichen Werk.« (1 Korinther 3, 8)
»*Ein* Brot ist es. Darum sind wir viele *ein* Leib; denn wir alle haben teil an dem einen Brot.« (1 Korinther 10, 17)
»Denn wie der Leib eine Einheit ist, doch viele Glieder hat, alle Glieder des Leibes aber, obgleich es viele sind, einen einzigen Leib bil-

den: so ist es auch mit Christus. Durch den einen Geist wurden wir in der Taufe alle in einen einzigen Leib aufgenommen, Juden und Griechen, Sklaven und Freie; und alle wurden mit dem einen Geist getränkt.
Auch der Leib besteht nicht nur aus *einem* Glied, sondern aus vielen Gliedern. Wenn der Fuß sagt: Ich bin keine Hand, ich gehöre nicht zum Leib!, so gehört er doch zum Leib. Und wenn das Ohr sagt: Ich bin kein Auge, ich gehöre nicht zum Leib!, so gehört es doch zum Leib.« (1 Korinther 12, 12-16)
»So aber gibt es viele Glieder und doch nur *einen* Leib.« (1 Korinther 12, 20)
Wir alle sind Glieder des Leibs Christi. Wir alle sind *Der Eine Gesalbte.* Und wenn Christus eins mit Gott ist, dann sind wir es auch. Wir wissen es nur ganz einfach nicht. Wir weigern uns beharrlich, es zu glauben, können es uns einfach nicht vorstellen.
Nun mag es für Sie den Anschein haben, dass in

diesem Buch sehr viel Nachdruck auf die Lehren Jesu gelegt wird, und zumindest in diesem Abschnitt ist das auch tatsächlich der Fall. Dieser ausgedehnte Exkurs wurde unternommen, weil Jesus einer der größten, unmissverständlichsten Lehrer der Großartigsten Wahrheit war, die es je gab – und in diesem Buch geht es um großartige Wahrheit.

Doch es stimmt nicht, dass man nur *durch* Jesus *mit* Jesus, nur *durch* Jesus seinen Weg gehen kann. Jesus hat so etwas nie gesagt, auch nicht annähernd. Das war nicht seine Botschaft.

Seine Botschaft lautete: Wenn ihr nicht an mich glauben könnt, wenn ihr bei allem, was ich getan habe, nicht glauben könnt, dass ich bin, wer ich sage, dass ich bin, dann werdet ihr nie an euch selbst glauben können, nie an den, der *ihr* seid. Und ihr werdet damit praktisch nie zur eigenen Gotteserfahrung gelangen können.

Jesus tat, was er tat, wirkte Wunder, heilte Kranke, ließ Tote auferstehen – ließ sogar sich *selbst* von den Toten auferstehen – damit wir erkennen, Wer Er War, und damit auch wissen, Wer *Wir* Wirklich Sind.

Dieser *zweite Teil der Gleichung* wird in der traditionellen Lehre über Christus zumeist ausgelassen.

Doch sie ist offensichtlich richtig, denn Jesus sagte, dass er mit seinem Vater (mit Gott) eins ist, und er sagte auch, dass wir eins mit ihm sind. Daraus folgt, dass die ganze Konstruktion zusammenbricht, wenn wir nicht an ihn zu glauben vermögen. Das ganze Gebäude kracht zusammen.

Das ist jammerschade, denn es ist Gottes Bau, von dem wir hier sprechen »Denn wir sind Gottes Mitarbeiter; ihr seid Gottes Ackerfeld, Gottes Bau«. (1 Korinther 3, 9)

Wir sehen also, wir können den Weg gemeinsam *mit* unserem Meister gehen (wer immer dieser Meister oder diese Meisterin sein mag), oder wir können uns vorstellen, dass wir nur *durch* unseren Meister dahin gelangen können, wohin wir gelangen möchten.

Was soll es also sein, *mit* oder *durch?*

Wahre Meister laden uns ein, den Weg zu Gott gemeinsam *mit* ihnen zu gehen, damit sie uns den Weg zeigen können. Falsche Meister erzählen uns, dass wir den Weg *durch* oder über sie nehmen müssen, um zu Gott zu gelangen.

Es gibt den Lehrspruch: »Wenn Du Buddha begegnest, töte ihn.« Damit ist gemeint, dass man sich besser vorsehen soll, wenn ein Mensch behauptet, der Buddha zu sein, wenn er als Buddha auftritt und verlangt, dass man ihm folgt, weil er der Buddha sei. Der Wahre Buddha würde so etwas nie tun.

Das gilt auch für jeden wahren Meister und jede wahre Meisterin.

Wie in *Gespräche mit Gott* gesagt wurde: »Der wahre Meister ist nicht der mit den meisten Schülern, sondern jener, der die meisten Meister hervorbringt.«

Und: „Ein wahrer Gott ist nicht der mit den meisten Dienern, sondern einer, der am meisten dient und so aus allen anderen Götter macht."

So ist es also uns allen möglich, die Bewegung in allem zu sehen, und vielleicht werden wir sie auch eines Tages sehen. Eines Tages werden wir alle über diese wundervolle *Einsicht* verfügen. Doch für den Moment genügt es, nur davon Kenntnis zu haben. Es genügt, einfach zu wissen, dass Leben Bewegung ist. Leben ist Das Was Bewegt und Sich Bewegt.

Damit verbinden sich erstaunliche und sehr weit reichende Implikationen, denn nun beginnen wir eine Formel zu entwickeln:

> Leben ist Bewegung.
> Alle Dinge bewegen sich.
> Gott ist alle Dinge.
> Gott ist Das Was Bewegt und
> Das Was Sich Bewegt.
> Alle Bewegung ist Veränderung.

Somit ist Gott Veränderung ... oder Das Was Verändert und Das Was Sich Verändert.
Kapiert? Sie müssen den Gedankengang nachvollziehen können, oder Sie verlieren den Faden. Haben Sie begriffen? Lesen Sie es, falls nötig, noch einmal. Befassen Sie sich damit.
Gut.
Wenn es stimmt, dass ...
> **Gott Das Was Verändert und**
> **Sich Verändert ist,**
> und wenn es stimmt, dass ...
> **Wir Eins mit Gott sind,**
> dann stimmt es *auch,* dass ...
> **Wir das sind, Das Verändert und**
> **Das Sich Verändert.**

Und so ist es auch. Das ist es, was wir fortwährend tun. Wir sind permanente Veränderung, wir sind die *»Formwandler«*. Und das führt uns zu Prinzip 9:

PRINZIP 9

Alle Veränderung ist Schöpfung.

Ich habe mir große Mühe gegeben, diesen Punkt klar zu machen. Ich habe mich im Kreis bewegt, auf verschiedene Art immer wieder dieselben Dinge behandelt, um Sie immer und immer wieder zu diesem Punkt zu bringen:

Das Leben – das heißt Gott, das heißt Wir, das heißt *Sie – wird sich permanent verändern.* Das ist Ihre Wesensnatur. Das ist die Natur *aller* Dinge. Das ist der Grund, aus dem Sie nun nicht anfangen können, sich selbst neu zu erschaffen. Sie erschaffen sich schon aufs Neue. Seit dem Tag Ihrer Geburt (und davor) haben Sie nichts anderes getan.

Deshalb geht es in diesem Buch nicht darum, Ihnen zu zeigen, wie Sie sich neu erschaffen, sondern darum, Ihnen die Augen für die Tatsache zu öffnen, *dass Sie dies schon tun.*

Sie *wissen* bereits, wie Sie sich »aufs Neue erschaffen«. Fakt ist, dass Sie gar nicht wissen, wie Sie es nicht tun sollen. Denn Sie sind von Natur aus das, Was Erschafft und Wieder Erschafft.

Doch wenn Sie *das* nicht wissen, können Sie unmöglich auf bewusste Weise das von Ihnen Erwählte erschaffen. Denn Sie können nicht die Erfahrung von etwas machen, von dem Sie nicht wissen, dass Sie es sind, und Sie können nicht das tun, was Sie Ihrer Meinung nach nicht zu tun vermögen.

Es geht um bewusste Schöpfung

Es gibt viele Ebenen des Erschaffens (siehe *Freundschaft mit Gott,* Seite 126f.).
Alle Menschen erschaffen fortwährend. Die Frage ist nicht, ob sie erschaffen, sondern ob sie *bewusst* erschaffen, das heißt, ganz speziell das von ihnen Erwünschte wählen und hervorrufen, oder ob sie *unbewusst* erschaffen, das heißt, einfach zur Kenntnis nehmen, was sie in den Raum ihres eigenen Lebens gestellt haben, und sich dann verwundert fragen, wie es dahin gekommen ist.
Wenn Sie wissen und wirklich verstehen, was hier eben gesagt wurde, werden Sie einen gewaltigen Schritt in Ihrer Entwicklung tun können. Denn wenn Prinzip 9 stimmt (und es stimmt), dann werden Sie in Ihrem Selbst-Gewahrsein

einen evolutionären Sprung machen: Ihnen wird Folgendes zu Bewusstsein kommen:

>**Leben ist Bewegung.**
>**Alle Dinge bewegen sich.**
>**Gott ist alle Dinge.**
>**Gott ist Das Was Bewegt und**
>**Das Was Sich Bewegt.**
>**Alle Bewegung ist Veränderung.**
>**Somit ist Gott Das Was Verändert**
>**und Das Was Sich Verändert.**
>**Sie sind Eins mit Gott.**
>**Sie sind Das Was Verändert**
>**und Das Was Sich Verändert**
>**Alle Veränderung ist Schöpfung**
>**Sie sind Das Was Erschafft.**

Das ist die elementarer Weisheit, die Sie akzeptieren müssen, wenn Sie sich nach der von Ihnen gewählten Vorstellung wieder neu erschaffen wollen. Es ist vielleicht der wichtigste Punkt, der in *Gespräche mit Gott* dargestellt wird.

Nun mögen Sie denken, dass Sie das schon wissen. Vielleicht meinen Sie, ich hätte viele Seiten gebraucht, um Sie zu einem Ihnen bereits bekannten Ort zu führen. Und vielleicht sind Sie tatsächlich schon mit diesem Konzept vertraut. Doch könnte es sein, dass Sie mit seiner *Anwendung* und *Umsetzung* noch nicht vertraut sind, denn andernfalls würden Sie dieses Büchlein gar nicht lesen; Sie würden nicht nach etwas suchen, das Sie schon haben; Sie wären nicht weiterhin darum bemüht, den Weg zu finden. Sie würden *der Weg sein.* Und Sie würden anderen den Weg zeigen.

Einigen wir uns also darauf, dass wir alle noch immer bestrebt sind, uns auf diese großen Weisheiten zu besinnen. Und erkennen wir den Wert, der darin liegt, uns ihnen immer wieder zuzuwenden, vor allem, wenn sie auf eine neue Weise zum Ausdruck gebracht werden, die sie uns klarer verstehen lässt und uns hilft, näher und näher an ihre totale Umsetzung heranzurücken, an ein totales Gewahrsein, totales Akzeptieren, an den totalen Ausdruck von Wer Wir Wirklich Sind.

Wenn Sie sich neu erschaffen wollen, müssen Sie vor allem verstehen und akzeptieren, dass Sie die Macht dazu haben.

Und wieder sage ich, dass Sie dies möglicherweise als einfaches Grundwissen ansehen; dass Sie und vielleicht sogar große Teile der Gesellschaft schon weit darüber hinaus gelangt sind.

Doch es gibt viele Organisationen, Bewegungen und sogar Religionen, die genau das Gegenteil lehren. Diese Gruppen behaupten, dass Ihre einzige Hoffnung darin besteht zu akzeptieren, dass Sie *nicht* imstande sind, sich neu zu erschaffen, dass Sie *nicht* fähig sind, sich zu verändern; dass Sie, ganz konkret, *nicht die Macht dazu haben*.

Sie lehren sie, dass Ihre einzige Hoffnung im Akzeptieren Ihrer Hoffnungslosigkeit liegt. Ihre größte Stärke soll darin bestehen, dass Sie Ihre größte Schwäche aktzeptieren.

Mit dem Aufstellen eines solchen Paradigmas produzieren diese Organisationen und Kirchen ein Bedürfnis nach etwas oder jemand *anderem,* das oder der dann Ihre Kraft und Stärke ist. In dem Sie Ihre absolute Machtlosigkeit eingestehen, anerkennen und akzeptieren, erhalten Sie die „Macht" (aus einer anderen Quelle), das zu verändern, was Sie verändern wollen.

Interessanterweise funktioniert diese Philosophie für manche Menschen, und vermutlich ist sie für diese auch von Wert. Doch ist es ein begrenzter Wert, da dieser Philosophie eine sehr beschränkte Anschauung vom Selbst zugrunde liegt. Auf Dauer gesehen und wenn man das Gessamtbild betrachtet, *kann diese Anschauung nie befähigend und ermächtigend wirken.*

Der Grund, warum sie für manche, vielleicht sogar für viele Menschen funktioniert, ist der, dass viele Leute es sehr viel bequemer finden zu glauben, dass Sie *keine* Macht über ihr eigenes Leben haben und *nie gehabt haben.* Das Bequeme und Tröstliche daran ist die Schlussfolgerung, dass sie deshalb auch nicht für die Lage der Dinge verantwortlich sind.

Denn manche Menschen finden, wenn ihnen die Lage der Dinge kein Trost ist, wenigstens Trost in der Tatsache, *dass diese nicht ihre Schuld ist.*

Und natürlich ist sie nicht ihre »Schuld«. Denn wie in *Gespräche mit Gott* dargelegt wird, ist es keine Frage der Schuld, sondern eine Frage der Wahl. Sie sind, wo Sie sind, weil das Ihre *Wahl* war. Die Dinge sind, wie sie sind, weil Sie es so *gewählt* haben.

(In Band 1 von *Gespräche mit Gott* finden Sie eine weitaus ausführlichere Diskussion dieses Themas und sehr viel eindrücklichere Aussagen dazu.)

Wenn Sie irgendetwas verändern wollen, besteht der erste Schritt darin, dass Sie Ihre eigene Rolle beim Erschaffen der Situation, in der Sie sich gegenwärtig befinden, akzeptieren.

Und damit sind wir bei Schritt eins.

SCHRITT 1

ERKENNEN SIE IHR SELBST ALS DEN SCHÖPFER/DIE SCHÖPFERIN ALL DESSEN AN, WAS SIE NEU ERSCHAFFEN MÖCHTEN

ÜBUNG 1

Machen Sie folgende Übung. Führen Sie fünf Dinge in Bezug auf Sie und Ihr gegenwärtiges Leben auf, die Sie verändern oder in neuer Art wieder erschaffen möchten:

1. *meinen Körper*
2. *meine Sexualität*
3. *meine Beziehung zu meinem Mann (Liebe)*
4. *mein Suchtverhalten*
5. *meine finanzielle Situation*

Bitte überlesen und übergehen Sie diese Übung nicht einfach. Denken Sie daran, Sie haben zu diesem Buch gegriffen, *weil Sie sich selbst neu erschaffen möchten*. Wir beginnen nun mit diesem Prozess. Und der erste Schritt besteht darin, dass Sie zum Stift greifen und die leeren Zeilen oben ausfüllen oder Ihre Liste auf einem eigenen Blatt Papier erstellen. Aber *machen* Sie die Übung.

Gut. Nun zum zweiten Teil.

Schreiben Sie nun noch einmal die fünf Dinge, die Sie verändern möchten, in die jeweils erste Zeile. Dann erkunden und erklären Sie sich selbst in den jeweils nachfolgenden Zeilen, *was Sie taten,* um das zu erschaffen, was Sie nun verändern möchten.

1. Was ich gerne verändern möchte:

meinen Körper

Um dies so zu erschaffen, tat ich Folgendes:

ich liebte ihn nicht, ich beschimpfte ihn, keinen Sport, wenig Pflege, schlechte Nahrung, zu viel Alkohol, zu viel Arbeit, zu wenig Licht

2. Was ich gerne verändern möchte:

meine Sexualität

Um dies so zu erschaffen, tat ich Folgendes:

verdrängen, Schuldgefühle, Körper hassen, hungern

3. Was ich gerne verändern möchte:

Beziehung zu meinem Mann

Um dies so zu erschaffen, tat ich Folgendes:
ihn kritisieren, schlecht machen, mich auf Negatives konzentrieren, undankbar sein
nie das Gute sehen

4. Was ich gerne verändern möchte:
mein Suchtverhalten

Um dies so zu erschaffen, tat ich Folgendes:
dem nachgehen, dort Trost suchen
mich darauf konzentrieren

5. Was ich gerne verändern möchte:
meine finanzielle Situation

Um dies so zu erschaffen, tat ich Folgendes:
- mich auf meine Schulden konzentrieren
- mir immer wieder zu sagen, daß ich keine finanzielen Mittel
- auf Jammer Tour sein
- dagegen: in Liebe arbeiten
- Angst vor Abhängig Keit von Rainer

Denken Sie nun daran, dass Sie durch den Prozess, zu dem Sie hier in diesem Buch angeleitet werden, keine Ereignisse oder auch Umstände verändern oder neu erschaffen wollen. Sie möchten *sich selbst neu erschaffen.* Das heißt, neu zu erschaffen, Wer Sie Sind und zu Sein Wählen in Bezug auf die Menschen, Orte und Ereignisse Ihres Lebens, wie Sie sie bisher erfahren haben. Sie können weder *die Ereignisse selbst* noch irgendwelche *Umstände Ihrer Vergangenheit* ändern. Das ist deshalb so, weil ein Ding, das einmal erschaffen wurde, nicht zerstört werden kann. Aber Sie können eines *tun:* Sie können *Ihre gegenwärtige Erfahrung in Bezug auf diese Dinge,* – in Bezug auf alle Dinge, Ihr *Selbst* eingeschlossen – *wieder neu erschaffen.*

Nun haben Sie vielleicht bei der letzten Übung unter »Um dies so zu erschaffen, tat ich Folgendes:« notiert: »Ich weiß nicht« oder »Gar nichts.« Haben Sie »Ich weiß nicht« geschrieben, dann schauen Sie sich die Sache noch einmal an. Radieren Sie »Ich weiß nicht« aus oder streichen Sie es durch und fragen Sie sich: Was würde ich schreiben, wenn ich es *wüsste?*
Schreiben Sie das nun hin.
Das ist ein wichtiger Bestandteil der Übung, nehmen Sie ihn ernst. Es ist ein Prozess, den wir in unseren Recreating-Workshops mit großem Erfolg einsetzen. Wir möchten also, dass Sie dies auch wirklich tun.
Wenn Sie es gemacht haben, werden Sie möglicherweise – so wie viele Leute in unseren Workshops – feststellen, dass Sie mehr als gedacht darüber wissen, warum die Dinge so sind, wie sie sind. Sollten Sie aber trotzdem weiterhin bei einem »Ich weiß nicht« landen, dann wenden Sie sich an Ihr »Selbst«, als wäre es eine andere Per-

son. Sagen Sie zu ihm: »Ich weiß, dass du es nicht weißt ... aber was würdest du antworten, wenn du *dächtest,* dass du es weißt?«

Lassen Sie nun das Selbst ganz rasch eine Antwort geben ... und schreiben Sie diese so geschwind auf, wie sie Ihnen in den Sinn kommt.

Dieser Prozess mag Sie überraschen, und seine Kraft mag Sie beeindrucken, vor allem, wenn Sie der Empfehlung folgen, mit Ihrem Selbst so zu sprechen, als wäre es *jemand anders.*

Wir sind oft geschockt über die Dinge, die uns das höhere Selbst zu enthüllen vermag, wenn sich das »niederere Selbst« von seinen vorrangigen Gedanken, Gefühlen und Erwartungen an sich selbst löst.

Das nennt man göttliches Losgelöstsein. Es tritt ein, wenn das niedere Selbst von seinem geschaffenen Drama Abstand nimmt und dem höheren Selbst gestattet, es klar und emotionslos zu betrachten und zu kommentieren; ehrlich und ohne zu zögern; umfassend und vorbehaltlos.

Dieser Prozess funktioniert, weil es dabei keine Negativität, keine Verurteilung, keinen Zorn, keine Verlegenheit, keine Scham, kein Schuldgefühl, keine Angst, keine Vorhaltungen oder das Gefühl, etwas Unrechtes getan zu haben, geben wird – nur eine einfache Aussage über das, was so ist. Und diese Aussage kann sehr erhellend sein.
Öffnen Sie sich also für diese Aussage. Lassen Sie sich wissen. Und wenn Sie sich dann anschauen, was Sie wissen, wenn Sie die Entscheidungen überprüfen, die Sie bisher in Ihrem Leben getroffen haben, dann nehmen Sie eine ehrliche, stille, offene Einschätzung dieser Entscheidungen vor und beurteilen Sie, ob Sie künftig wieder dieselbe Wahl treffen würden.

Doch machen Sie sich klar, dass Sie nicht einmal hoffen können, etwas in Ihrem Leben zu verändern – sich aufs Neue zu erschaffen –, wenn und solange Sie nicht imstande sind, die vollständige Verantwortung für jedes Ereignis in Ihrem bisherigen Leben anzunehmen.

Sie müssen Ihr Selbst als den Schöpfer/die Schöpferin von allem, was Sie wieder erschaffen möchten, anerkennen.

Nun könnte dies der schwierigste Teil des Prozesses sein, denn wenn man sich selbst als den Schöpfer seiner Erfahrungen anerkennt, bedeutet das für viele Menschen, dass sie sich die *Schuld* für die Dinge und Umstände geben.

Das wäre ein gewaltiger Fehler, aber vielen erscheint diese Schlussfolgerung sehr logisch. Sie werden auf ein paar Erfahrungen in ihrem Leben blicken und sich fragen: »Warum um alles in der Welt sollte ich mir das erschaffen haben wollen?« Dann werden sie sich selbst Vorhaltungen machen, weil sie »so dumm« oder so »naiv«

waren. Oder sie werden auf sich böse, weil sie genau die Erfahrung, die zu meiden sie bestrebt sind (in einem Muster, das scheinbar nie ein Ende nimmt), immer und immer wieder erschaffen haben.

Manche Leute, die in diese Falle gehen, werden möglicherweise sogar zu Selbsthassern. Dieser Selbsthass führt manchmal (wahrscheinlich häufig) zur Selbstsabotage, die wiederum in Selbstzerstörung münden kann oder in die Zerstörung von praktisch allem, was dem Selbst etwas bedeutet – Beziehungen, Karriere, Gesundheit, jede mögliche Erfolgschance ...

Das ist eine der gefährlichsten Fallen des New Age. Als solche bezeichne ich sie, denn genau das ist sie, und Sie müssen sich sehr vor ihr hüten. Sie können in bestimmte Denkschubladen geraten, wenn Sie bestimmte New-Age-Sentenzen als die Wahrheit akzeptieren, ohne sie ausreichend zu verstehen.

Sprüche wie »Das Ding, dem du dich widersetzt,

bleibt bestehen« oder »Für jede Tür, die sich schließt, öffnet sich eine neue« oder »Du bist der Schöpfer jeder deiner Erfahrungen« sind typisch für diese New-Age-Aphorismen. Solche Aussagen können zu einem sehr seltsamen Gebaren führen, wenn Sie anfangen, sie als Absolute Wahrheit zu nehmen und zu leben, bevor Sie sie auf tiefer Ebene verstanden haben.

Hingegen wird Sie ein vollständiges Verstehen letztlich zum Gewahrsein bringen, dass es so etwas wie die Absolute Wahrheit nicht gibt ... wodurch dann das gesamte Problem verschwindet.

Bevor sich jemand sehr viel tiefer in den Wiedererschaffungsprozess hineinbegibt, muss er wissen, dass das Annehmen der *Verantwortung* für die Ereignisse im eigenen Leben nicht bedeutet, dass man die *Schuld* dafür auf sich nimmt. Von »Schuld« kann man immer nur dann sprechen, wenn etwas schief gegangen ist. Daher ist es hinfällig, von Schuld für die Ereignisse in Ihrem

Leben zu reden, da in Ihrem Leben *nichts schief gegangen ist.*
Dasselbe gilt für jedermanns Leben.
Das Leben ist vollkommen, und wenn wir diese Vollkommenheit erkennen, verschwinden alle Schuldzuweisungen, aller Zorn, alle Verletzungen, alles Gefühl von Schaden und Verlust, alles Empfinden, ungerecht behandelt worden zu sein, alle Schuldgefühle, weil man andere ungerecht behandelt hat. Gott hat nicht Unvollkommenheit erschaffen, und das Leben ist Gott. Daher ist das Leben vollkommen, so wie Gott vollkommen ist, und unsere Herausforderung besteht einzig darin, diese Vollkommenheit zu sehen. »Sieh die Vollkommenheit« bleibt jedoch nur ein weiterer Aphorismus, wenn wir nicht bestrebt sind, uns auch diese Aussage in tiefem Verständnis zu Eigen zu machen.
Wenn wir die Vollkommenheit in unserem Leben oder im Leben anderer nicht sehen können, vermögen wir bloß nicht zu sehen, worauf

die Seele aus ist. Denken Sie daran, dass die Seele – die unser direktes Verbindungsglied zur Unendlichkeit ist – sich hier auf einer Mission befindet, und diese Mission ist die Evolution.

Die Seele ist bestrebt, zu erschaffen und auf der Erfahrungsebene zu erleben, Wer und Was Sie Wirklich Ist. Dazu wird sie sich jegliches Werkzeugs, jegliches Mittels, jeglicher Begegnung, jeglicher Erfahrung bedienen, die ihrem Gefühl nach beim Erschaffen und Ausdruckgeben nützlich sein könnten. Keine Seele kann auf eine andere gegen deren Willen einwirken, und keine Seele kann unwillentlich handeln.

Willentliches und vorsätzliches Verhalten ist möglich. Ein Verhalten ohne Willen nicht. Alles Verhalten ist willentlich, das heißt, es entsteht aus unserer Willenskraft. Die Aussage: »Du hast keine Willenskraft« ist stets *falsch*. Um es präzise auszudrücken, kann man sagen: »Du hast nicht den Willen, das zu stoppen.« Nun, *das* ist eine *stimmige* Aussage. Wenn du den »Willen« *hättest*, etwas zu tun (das heißt, wenn es dein Wille wäre, es zu tun), *könnte nichts dich stoppen.* Denn der Wille ist alles, und unser Wille ist Gottes Wille, wie *Gespräche mit Gott* uns lehrt. Von daher stimmt der altbekannte Spruch: **Wo ein Wille ist, ist auch ein Weg.**

Sie müssen versuchen, dies zu verstehen, danach trachten, es in der ganzen Fülle seiner Bedeutung zu begreifen, denn wenn Sie das tun, werden auch Sie sehen, dass Alles Vollkommen Ist. Denn alles entsteht aus dem Willen, und auch alles in *Ihrem* Leben entsteht aus *Ihrem* Willen heraus.

Die großen Meister und Meisterinnen verstehen das voll und ganz. Sie wissen es in Vollkommenheit.

Deshalb sagte Jesus, als einer seiner Begleiter sein Schwert zog, um die Soldaten davon abzuhalten, ihn zu ergreifen, vor Gericht zu bringen und schließlich zu kreuzigen: »Nein, lass das. Oder glaubst du nicht, mein Vater würde mir sogleich mehr als zwölf Legionen Engel schicken, wenn ich ihn darum bitte? Denkt ihr, dass mir irgendetwas davon gegen meinen Willen geschieht? Meint ihr, dass ich hier machtlos bin; dass ich ohne Willenskraft bin? Ich sage euch, es ist die Kraft meines Willens, die all dies *bewirkt*.«

Man könnte sich fragen, was denn dann mit dieser anderen bekannten Äußerung Christi gemeint ist: »Vater, nicht wie ich will, sondern wie du willst ...?«

Auch hier müssen alle Wahrheiten in ihrer ganzen Tiefe verstanden werden.

Christus sagte auch: »Ich und der Vater sind eins.« Das bedeutet, dass sein Wille und Gottes Wille *ein und derselbe sind.*

Was geschah also auf dem Ölberg, als Jesus diese unvergesslichen Worte sprach? Der Meister durchlitt, so wie wir es alle tun, einen Moment der Schwäche, in dem er sich für einen Augenblick einbildete, dass alles, was ihm da geschah, nicht seine (Gottes) Wahl sei. Nur für einen Augenblick stellte er sich vor, dass sich sein Wille von Gottes Wille unterscheiden könne. Jesu Gebet im Garten von Gethsemani ist eine Erklärung seiner Bereitschaft, dennoch seinen Willen mit dem Willen Gottes zu verschmelzen; sich in Gottes Willen zu ergeben, von dem er *wusste,* dass er *ein und derselbe* war wie sein eigener Wille.

Und Jesus sagte nicht nur: »Ich und der Vater sind eins«, er sagte auch: »Ihr seid alle meine Brüder.«

Wenn wir ihn beim Wort nehmen, dann sind auch wir »eins mit dem Vater« und dann ist auch unser Wille Gottes Wille. Dieser Schlussfolgerung können wir uns nur entziehen, wenn wir Jesus einen Lügner nennen.

Möchte irgendjemand diese Behauptung aufstellen?

Wenn wir nun hinsichtlich unserer Rolle beim Erschaffen unserer Erfahrungen zu einem neuen Verständnis gelangt sind, gehen wir zum zweiten Schritt des Wiedererschaffungsprozesses über.

Dieser besteht darin, dass wir alle »unerledigten Angelegenheiten«, die wir mit unserem alten Verständnis produziert haben, zu einem Ende bringen.

(Sollten Sie nach wie vor Probleme haben, zu diesem neuen Verständnis und zu dieser neuen Ebene des Akzeptierens Ihrer eigenen Rolle beim Erschaffen Ihres Lebens zu gelangen, dann lesen Sie bitte *Gespräche mit Gott* noch einmal. Vielleicht finden Sie auch die Hörkassette *The Bend Talk* erhellend, die Sie von unserer Stiftung beziehen können.)

Dieser Prozess des Vollendens Ihrer unerledigten Angelegenheiten ist unglaublich wichtig. Ich bezeichne ihn als den American Express der Transformation. Denn ohne ihn gelangen Sie nirgendwo hin.

Schauen wir uns also Schritt 2 an:

SCHRITT 2
ERLEDIGEN SIE IHRE UNERLEDIGTEN ANGELEGENHEITEN

Bevor Sie sich der Rolle bewusst waren, die Sie beim Erschaffen Ihrer eigenen Realität spielen, hatten Sie vielleicht die Tendenz, anderen, die Sie am Erschaffen all des Traurigen und all der Verletzungen, Verluste und Enttäuschungen in Ihrem Leben maßgeblich beteiligt ansahen, die Schuld dafür zu geben und Wut und Zorn auf sie zu projizieren. Wenn Sie nicht außerordentlich gewissenhaft waren, haben Sie inzwischen einen ganzen Sack voll Erinnerungen an Menschen und Ereignisse angesammelt, die Ihnen, so wie Sie es sehen, Schaden zufügten.

Dieser Sack ist es, den wir hier als Ihre unerledigten Angelegenheiten bezeichnen. Und dieser mit Schrott gefüllte Sack, den Sie da mit sich herumschleppen, hat Ihr Tempo auf Ihrem Weg zur Erleuchtung verlangsamt. Er machte es erforderlich, dass Sie auf Ihrer Reise zu Gott, auf Ihrer Rückkehr nach Hause, so oft anhalten und sich ausruhen mussten.

Er hat das volle Maß der Liebe aus Ihrem Leben fern gehalten und die ganze Herrlichkeit dessen, Wer Sie Sind, aus Ihrem Erleben verbannt. Denn es ist ein Prinzip des Lebens, dass Sie so lange nicht erfahren können, wer Sie sind, solange Sie andere als die erleben, die sie nicht sind. Und solange Sie einen anderen zum Bösewicht, zum Verfolger, zum Urheber und Verursacher Ihres Schmerzes machen, erzählen Sie eine Lüge über diese Person – und damit auch über sich selbst. Sie müssen deshalb auf Folgendes achten:

PRINZIP 10

Keine Schöpfung ist böse, Kein Schöpfer ist schlecht.

Ein Ding ist nur »böse« oder »schlecht«, weil es das Denken dazu macht. Wie in *Gespräche mit Gott* immer und immer wieder dargelegt wird, ist es Ihr *Denken* über ein Ding, das ihm (der Person, dem Ort oder Ereignis) seine Bedeutung gibt.

Nun ist es nicht unbedingt »schlecht«, den Gedanken zu haben, dass irgendetwas Bestimmtes »böse« ist. Tatsache ist ja, dass wir uns selbst gerade durch das definieren, was wir, ein jeder von uns, als »gut« und »böse«, »okay« und »nicht okay« bezeichnen, und dass wir dadurch entscheiden, wer wir sind. Doch müssen wir dabei immer bedenken, dass *wir selbst* diese Definitionen herausbilden. Im Gegensatz zur landläufigen Meinung hat das nicht Gott für uns übernommen.

Das Schöne daran ist, dass wir beim Herumwandern und Entscheiden, was für uns wichtig ist, auch darüber entscheiden können, was nicht wichtig ist. Beim Entscheiden darüber, was böse ist, können wir auch entscheiden, was nicht böse ist. Beim Entscheiden darüber, was schmerzlich ist, können wir auch entscheiden, was nicht schmerzlich ist.

Viele Menschen haben gelernt, genau auf diese Art physischen Schmerz unter Kontrolle zu halten. Es gibt nicht wenige Leute, die sich in einen Zahnarztstuhl setzen und die ganze Prozedur über sich ergehen lassen können, ohne auch nur einen Augenblick Unbehagen zu verspüren.

»Der Geist beherrscht die Materie« , sagen manche von ihnen. Und sie haben Recht. Sie haben nichts weiter getan, als einfach *die Entscheidung zu treffen, dass die Zahnbehandlung nicht schmerzhaft ist.*

Mit Hilfe genau desselben Werkzeugs können wir auch die Entscheidung treffen, dass ein emotionales Erleben nicht schmerzlich ist. Der Tod oder die Trennung von einer geliebten Person müsste zum Beispiel nicht unbedingt der Grund für Schmerz sein – obwohl es ganz offensichtlich für die meisten Menschen so ist. Die Erfahrung, verraten oder in irgendeiner Weise missbraucht worden zu sein, müsste nicht unbedingt schmerzlich oder zerstörerisch sein – obwohl sie es ganz offensichtlich für die meisten Menschen ist.

In Wahrheit sind diese Begebenheiten für sich genommen nicht schmerzlich, auch nicht böse. Sie sind schlicht und einfach, was sie sind. Das bringt uns direkt und ziemlich rasch zu Prinzip 11:

PRINZIP 11

Nichts ist von Bedeutung, nichts hat irgendeine Bedeutung.

Das Leben ist ohne Bedeutung. Die einzige Bedeutung, die es hat, ist die, die wir ihm geben. Ebenso haben individuelle Erfahrungen, individuelle Begebenheiten, individuelle Geschehnisse und andere Dinge auf individueller Ebene für sich genommen keinerlei Bedeutung außer der, die wir ihnen geben …

Und die Bedeutung, die wir diesen Dingen geben, hat in den meisten Fällen keinen Bezug zu der *Erfahrung,* die wir tatsächlich machen, sondern vielmehr zu dem, was, wie man uns *gesagt* hat, für uns wahr sein sollte.

Das ist nirgendwo offensichtlicher als bei unserer Erfahrung von Gott selbst. Zum Beispiel hat man uns *gesagt,* dass Gott ein »Er« ist, und viele von uns haben das noch nie hinterfragt. Doch ist es möglich, dass Gott eine »Sie« ist? Oder dass Gott weder noch ist? Gelangen wir zu unserer Schlussfolgerung über Gott auf der Grundlage unserer *Erfahrung* mit der Energie, die wir Gott nennen? Oder gründet sie sich auf etwas, das uns *jemand anders* erzählt hat?

Ganz ähnlich hat man uns erzählt, dass Gott ein eifersüchtiger, ein rachsüchtiger Gott ist, dass er ein Gott ist, der uns ganz schrecklich und ohne Ende bestrafen wird, wenn wir seine Gebote nicht befolgen. Doch alles, was wir in unserem Innern erleben, sagt uns, dass es so nicht sein kann; dass dies nicht die Eigenschaften und Qualitäten des Göttlichen sind. Und doch übergehen viele von uns diese Erfahrungen, die sie in ihrem eigenen Innern machen, und blicken auf die äußere Welt und die Lehren anderer. Sie müssen Recht haben, sagen wir. Denn was wissen wir schließlich schon?

Die Wahrheit,
die wir die unsere nennen …
Ist sie das?

Wir machen auch in anderen Dingen den Fehler, an unserer eigenen Realität vorbeizublicken und auf die Lehrmeinungen der Welt zu schauen. Unsere eigene Erfahrung wird weitgehend von den früheren Erfahrungen anderer geleitet. Es sind die Lehren *anderer,* die Die Wahrheit erschaffen, die wir Unsere Eigene nennen.

Aber auf unsere *eigenen* früheren Erfahrungen zu hören ist auch kein unfehlbarer Weg. Denn was wir über eine zurückliegende Sache dachten, ist nicht unser wahrer Lehrer, da sich unsere frühere Erfahrung und die Art und Weise, in der wir sie machten, auf die Lehren und Erfahrungen *anderer* gründete. In Wahrheit haben wir nur sehr wenig im Leben rein und unverfälscht, ohne

Verunreinigung, nicht von anderen infiziert, erfahren.

Ein Beispiel:

Den meisten Kindern bereitet ihr eigener Körper Vergnügen (weil ihre *Erfahrung* mit ihrem Körper eine *vergnügliche* ist!), bis ihnen von der Außenwelt beigebracht wird, dass ein solches Vergnügen unrecht ist; dass es sich nicht schickt, ein solches Vergnügen zu erkennen zu geben; ja, dass es Sünde ist, sich zu einem solchen Vergnügen verleiten zu lassen. Ein Kind weiß *instinktiv*, dass es, was den Körper angeht, nichts in der Welt gibt, dessen man sich schämen müsste, bis ihm beigebracht wird, dass sich *nicht* zu schämen *eine Schande ist*.

Diese Lehren werden dann für unsere Kinder die Wahrheit, obwohl sie im direkten Gegensatz zu ihrer gemachten Erfahrung stehen, und rufen damit in vielen unserer Kinder für den Rest ihres Lebens ein Gefühlschaos hervor.

Es wimmelt nur so
von unseren entstellten
Wahrnehmungen

Und diese entstellten Wahrnehmungen beschränken sich keinesfalls nur auf die Bereiche des menschlichen Körpers und der Sexualität. In praktisch jedem *unserer* Lebensbereiche wurden unsere Urteile über die Dinge (und damit auch unsere Entscheidungen) nicht von unseren Erfahrungen, sondern von den Lehren, Wahrheiten und Doktrinen anderer zumindest gefärbt, wenn nicht in vielen Fällen ganz und gar geformt.

Gewöhnlich meinen es diese anderen (Eltern, Verwandte, Lehrer, Freunde) gut, doch das lässt ihre Behauptungen und Lehren um nichts weniger fehlerhaft sein, es macht sie nur nicht böswillig. Die Wahrheit ist, dass andere gar nicht wissen können, wie unsere Erfahrung mit einer Sache aussieht, sie kennen nur ihre eigene Erfahrung. Sie sind deshalb gar nicht qualifiziert, als unsere Richter zu agieren. Aber sie urteilen ... *und wir lassen sie.*

Nicht nur lassen wir andere Leute ein Urteil über uns fällen, *wir leben sogar nach dem Urteil, das sie über uns abgegeben haben.*

Nur die Starken tun das nicht. Nur das Individuum, das seine *eigene Person* ist, tut dies nicht. Die Wiedererschaffene Person ist es, die dies nicht tut.

Wenn Sie noch nicht eine total Wiedererschaffene Person sind, lädt dieses Buch Sie dazu ein, eine zu werden. Und dazu ist es notwendig, dass Sie Ihre unerledigten Angelegenheiten erledigen, zu einem Ende bringen; dass Sie sich von all den Interpretationen und »Lehren«, die *andere* über die von *Ihnen gemachten Erfahrungen* abgaben, lösen und selbst entscheiden, was sie in Ihrem Leben bedeutet haben und jetzt bedeuten.

Lassen Sie mich hier ein Beispiel dafür geben, was diese Art von Freiheit mit sich bringen kann. Vor nicht langer Zeit kam eine Frau zu mir, die sehr frustriert und zutiefst traurig darüber war, dass sie scheinbar keine warme und liebevolle Beziehung zu ihrem Mann aufrechterhalten konnte. Eines der großen Probleme war, dass ihr sexuelles Verlangen nach ihm erloschen war. Obwohl sie wusste und anerkannte, dass er ein guter Mann war, dass er nie irgendetwas getan hatte, um sie seelisch oder körperlich zu verletzen, und dass er sich ihr gegenüber nie sexuell unangemessen genähert hatte, konnte sie kein sexuelles Verlangen nach ihm in sich entdecken. Und sie konnte auch nicht herausfinden, warum.

Es war nicht Langeweile, und es war auch nicht so, dass er Tonnen an Gewicht zugelegt hätte oder ihm alle seine Haar ausgefallen wären oder irgendetwas so Oberflächliches. In gewisser Hinsicht wünschte sie sich, es *wäre* etwas dergleichen gewesen, sagte sie mir. Denn dann hätte sie es wenigstens *verstehen* können.

Im Gespräch stießen wir auf die Quelle des Problems. Sie war als Kind wiederholte Male sexuell missbraucht worden; von einem entfernten Verwandten.

Doch halt. So einfach, wie Sie vielleicht denken, war es nicht. Die Ursache für ihre »Abwendung« von ihrem Mann lag nicht darin, dass sie als Kind von einem Mann missbraucht worden war und deshalb nichts mehr mit Sex zu tun haben wollte. Ganz im Gegenteil. Sie hatte es nämlich *genossen,* als man sich ihr als Kind sexuell genähert hatte – und es war dieser innere *Konflikt* in ihr, der nun zu ihren gegenwärtigen Schwierigkeiten führte.

Dieser Konflikt entstand dadurch, dass sie für sich selbst nicht die Erfahrung gemacht hatte, dass sich diese sexuellen Begegnungen in ihrer Kindheit *in irgendeiner Weise schädigend* auf sie ausgewirkt hatten, sie aber immer wieder die Botschaft übermittelt bekam, dass *es so sein sollte.* Das deckte sich nicht mit ihrem *Erleben,* aber damit konnte sie sich an niemanden wenden. Ja, die Sache war eigentlich noch schlimmer. Denn wenn sie sich, was selten vorkam, einmal sicher genug fühlte, um einzugestehen, dass sie *nicht* das Gefühl hatte, beschädigt worden zu sein, sagte man ihr nicht nur, dass sie dieses Gefühl aber haben *sollte;* man sagte ihr auch, dass sie sehr wahrscheinlich durch all das beschädigt worden *war – und es nur nicht wusste.*

Ihr wurde der »Horror«, den ihr dieser Mann angetan hatte, schmerzlich zu Bewusstsein gebracht, und sowohl in den Selbsthilfegruppen wie auch von den Beraterinnen, an die sie sich gewandt hatte, wurde ihr gesagt, wie *zornig* sie über all das sein sollte – und wie zornig sie *wäre,* wenn sie nur wirklich wüsste, wie stark beschädigt sie war.

Ja, man sagte ihr, dass sie in der Tat so schwer beschädigt worden war, dass *sie es nicht einmal wusste.* Als sie einmal mutig in ihrer Gruppe erklärte, dass sie *nicht* zornig sei und mitfühlend (aber nicht entschuldigend) das furchtbare Bedürfnis, die schreckliche Krankheit und das unangemessene und kriminelle Verhalten dieses Mannes verstehen könne, entgegnete man ihr, dass sie ihren Zorn verdränge und lernen sollte, ihre Wut rauszulassen und ihr Ausdruck zu geben.

Das versuchte sie eine Zeit lang, aber es war immer nur eine Show, eine seichte Nummer. Tief in ihrem Innern war sie einfach *nicht zornig.* Sie ging sogar so weit, sich zu fragen, ob sie zu dem damaligen Geschehen nicht selbst beigetragen hatte, weil sie es so eindeutig genossen und damit den Mann zum Weitermachen ermutigt hatte.

Als sie *das* ihrer Gruppe enthüllte, sagte man ihr, dass es ein Zeichen von Funktionsgestörtheit sei, wenn sie die Verantwortung für das unangebrachte Verhalten dieses Mannes übernähme. Eine Aussage, die im Rahmen der Theorie von dysfunktionalen Systemen Sinn ergeben mag, im Rahmen ihrer persönlichen *Erfahrung* aber nicht. Und wie wir schon anmerkten, war es nicht das damalige Geschehen, das sie Schamgefühle empfinden ließ. *Die Scham entstand aus der Tatsache, dass sie es genossen hatte, dass sie sich nicht deshalb schlecht fühlte.*

Und dann gab es da noch einen Punkt bei diesem Konflikt. Diese Frau wollte dem Mann, der sie missbraucht hatte, vergeben; sie wollte sich von dieser Negativität verabschieden, die sie, wie man ihr seit Jahren einredete, hätte fühlen sollen. Sie war mit einem tiefen Verständnisvermögen gesegnet. Und wenn das Verstehen eintritt, verflüchtigt sich der Zorn. Sie wusste sehr wohl, dass diese Erfahrungen ihrem Alter nicht angemessen waren, dass dieser männliche Verwandte an ihr – in ihrer kindlichen Unschuld – ein Verbrechen begangen hatte. Aber trotzdem konnte sie nicht zornig sein. Traurig, vielleicht. Aber nicht zornig. Warum? Weil sie zu viel wusste, um zornig zu sein. Sie hatte bei weitem zu viel Mitgefühl, zu viel Verständnis für die Schwächen der Menschen, um zornig zu sein. Sie hatte diesem Verwandten in ihrem Herzen schon vor langer Zeit vergeben. Und der zweite Grund, warum sie nicht zornig sein konnte, war der, dass sie diese sexuellen Erfahrungen selbst viel zu sehr genossen hatte, als dass sie nun hätte vorgeben können, sie hätten zu den dunkelsten Stunden ihres Lebens gezählt.

So war es einfach nicht.

Die eigene erfahrung als realität erkennen

Die Ironie dabei ist, dass es *andere* waren, die es der Frau schwer machten, zu vergeben und zu vergessen, die Situation mit philosophischem Blick zu betrachten und ohne das Gefühl, sich schämen zu müssen, zu leben. Sie fand ihre »Realität« geleugnet, für ungültig, für falsch erklärt. Und so hatte sie, um die Dinge wieder ins »rechte« Lot zu bringen, unbewusst die Entscheidung getroffen, sich *nie wieder* an dem zu erfreuen, woran sie sich damals so »unrechtmäßig« erfreut hatte.

Das Erstaunliche war, dass ihr bei all diesen Beratungen und in all diesen Frauengruppen kein Mensch sagte, dass ihre Gefühle leicht zu erklären seien: dass es vollkommen verständlich sei, dass sie das sexuelle Interesse, das ihr älterer Verwandter an ihr hatte, genossen hatte, dass es vollkommen natürlich sei, dass sie auf die sexuellen Stimulierungen reagierte, und dass auch die entsprechende Reaktion ihres Körpers nichts »Unrechtes« oder »Beschämendes« war.

Solange sie das Gefühl hatte, dass es von ihrem Körper »unrecht« gewesen war, in jungen Jahren so positiv, offen und bereitwillig auf die sexuelle Stimulierung zu reagieren, konnte sie ihm dies, als sie älter wurde, keinesfalls mehr gestatten.

Erst die Erkenntnis, dass es für ihren Körper etwas vollkommen *Natürliches* war, auf ihren älteren Verwandten so zu reagieren, wie er es tat, und dass es *vollkommen in Ordnung war,* diese Reaktion zu genießen, änderte für diese Frau alles.

Der neue Blickwinkel krempelte ihr Denken über ihre Sexualität auf dramatische Weise um und gestattete ihr, die damaligen Begegnungen im Rahmen *ihrer persönlichen Erfahrung* zu überdenken, statt auf der Grundlage dessen, was man ihr gesagt hatte oder von ihr erwartete. Und sie gestattete sich, sich endlich von diesen jahrelangen Schamgefühlen zu befreien.

Und bald stellte sie fest, dass sie nun in den Augenblicken ihrer gegenwärtigen sexuellen Begegnungen besser *bei ihrem Erleben bleiben* konnte, statt sich zurückzuziehen und zu den Konstrukten der Erfahrungen in ihrer Kindheit zurückzukehren – Konstrukte, die sich hauptsächlich auf die Reaktionen anderer gründeten und nicht auf das, *was sich tatsächlich abspielte.*

Ich habe dieses reale Fallbeispiel gewählt und ziemlich viel Zeit darauf verwendet, weil es meiner Ansicht nach auf dramatische Weise beleuchtet, wie wir unseren eigenen Erfahrungen die Bedeutungen anheften, die andere ihnen geben. Nun möchte ich mit der Schilderung keinesfalls andeuten oder behaupten, dass sich sexueller Missbrauch in der Kindheit nie zerstörerisch auswirkt oder dass ein solcher Missbrauch bis zu einem gewissen Grad die Schuld des Kindes sei oder dass ein solches Geschehen, nur weil das Kind vielleicht die körperliche Stimulierung und die emotionale und psychische Zuwendung genießt, zu etwas wird, das »in Ordnung« oder »nicht so schlimm« ist. Ich möchte nichts dergleichen behaupten.

Worauf es mir hier ankommt, hat gar nichts mit sexuellem Missbrauch zu tun. Er spielte nur in diesem speziellen Beispiel eine Rolle. Ich will anhand dieses Beispiels lediglich demonstrieren, wie unser Geist unsere Realität erschaffen kann – und wie unser Denken ganz leicht vom Denken anderer oder von dem, was *wir* nach Ansicht anderer denken sollten, beeinflusst werden kann. Es zeigt, wie rasch und bereitwillig die meisten von uns von unserer *Erfahrung* zu unserem *Urteil* über eine Person oder ein Ereignis übergehen (ein Urteil, das sich im Allgemeinen auf das Urteil eines *anderen* gründet). Ich will damit deutlich machen, dass in Wahrheit nichts von

Bedeutung ist, außer was wir *auf der Grundlage unserer Entscheidung darüber von Bedeutung sein lassen.*

Kommen wir nun zu einer weiteren Übung. Sie gibt Ihnen praktische Werkzeuge an die Hand, mit deren Hilfe Sie all das, was Sie hier gehört haben, umsetzen und anwenden können. Wenn Sie das Bestmögliche für sich aus diesem Material beziehen möchten, dürfen Sie diese Übung nicht übergehen.

Übung 2

Nehmen Sie ein Blatt Papier und erstellen Sie eine Liste unter der Überschrift: **Die fünf negativen Erfahrungen, die sich in meinem Leben am stärksten auswirkten.**

Schauen Sie sich die Liste nun sorgsam an. Versichern Sie sich, dass Sie die fünf schlimmsten, die fünf negativsten Erfahrungen ausgewählt haben. Sollte die Erinnerung daran für Sie schmerzlich sein, dann durchleben Sie diesen Schmerz und machen Sie es trotzdem. Oder noch besser, *beschließen Sie, dass diese Übung nicht schmerzhaft ist.*

Schreiben Sie nun unter dieser Liste auf, was passiert ist. Ich meine, was sich bei diesen negativen Erlebnissen *tatsächlich zugetragen hat.* Nicht Ihre Gefühle in Bezug darauf, sondern was sich wirklich *ereignete:* **Was bei diesen Erlebnissen tatsächlich passierte.**

Ich gebe Ihnen hier ein Beispiel für zwei solcher Listen:

Die fünf negativen Erfahrungen, die sich in meinem Leben am stärksten auswirkten

1. Die Erklärung meiner Frau, dass sie von einem anderen Mann schwanger sei und dieses Kind auch bekommen wolle.
2. Der Tod meines Cousins in Vietnam.
3. Der Kampf meiner 17-jährigen Tochter mit dem Krebs.
4. Der Selbstmord meines Bruders.

5. Mein Vater, der mir bei der Abschlussfeier im Trainingscamp des Marinecorps auf Parris Island sagte: »Ich hätte nie gedacht, dass du es schaffst.«

Was bei diesen Erlebnissen tatsächlich passierte
1. Meine Frau sagte zu mir Worte, die mir nicht gefielen. Eine Woche später trennten wir uns.
2. Mein Cousin verließ seinen Körper.
3. Meine Tochter unterzog sich einer großen Operation und hätte sterben können. Sie starb nicht und hat über zwanzig Jahre überlebt.
4. Mein Bruder verließ seinen Körper zu einem Zeitpunkt und auf eine Art, die er selbst wählte.
5. Mein Vater sagte Worte zu mir, die mir nicht gefielen.

Okay, das waren meine zwei Listen (eine Mischung aus verschiedenen Erlebnissen einiger mir bekannter Leute). Gehen Sie nun an Ihre Listen.

Wenn Sie zur zweiten Liste kommen, dann versichern Sie sich, dass Sie sich auf das wirkliche Geschehen besinnen und nicht auf Ihre Gefühle dabei. Wenn Sie zum Beispiel oben als ersten Punkt stehen haben: »Mein Vater schrie mich einmal vor allen meinen Freunden wegen meiner Noten an«, schreiben Sie vielleicht in Liste zwei: »Ich genierte mich zu Tode.« Doch ich möchte gerne, dass Sie hier nur ganz einfach eine Beschreibung des tatsächlichen Geschehens abgeben. In diesem Fall könnten Sie also vielleicht schreiben: »Mein Vater erhob in Gegenwart meiner Freunde die Stimme und sagte sehr private Dinge zu mir.«

Alles klar? Erinnern Sie sich nicht daran, wie Sie sich fühlten, schreiben Sie einfach hin, was sich tatsächlich ereignete. Ihre Gefühle in Bezug auf diese Ereignisse *sind der Teil, den Sie erfinden.* Also, los geht's. Schreiben Sie Ihre Listen.

Wunderbar. Nun werden wir ein kleines Experiment durchführen. Ich möchte gerne, dass Sie eine dritte Liste erstellen mit der Überschrift: **Das Ergebnis des Geschehens.**

Schauen Sie sich die Dinge auf den ersten beiden Listen an und stellen Sie ehrlich fest, was sich als Folge aus diesen konkreten Geschehnissen ergab. Nicht, was sich aus Ihren *Gefühlen* in Bezug auf diese Ereignisse ergab. Das sind unter Umständen zwei verschiedene Dinge. Schauen Sie sich nur an, wie sich die Dinge letztlich entwickelt haben. Kapiert? Gut. Versuchen Sie, sich nicht schon die nächste Seite anzusehen, bevor Ihre Liste komplett ist. Vergleichen Sie erst dann, wenn Sie Ihre Einträge beendet haben, Ihre dritte Liste mit unserem Beispiel.

Zu meiner dritten Liste gelangte ich, indem ich die Freunde, deren Fallbeispiele ich hier verwendet habe, bat, mir die Ergebnisse ihrer Erfahrungen zu schildern. Da mir klar war, dass es sich um Begebenheiten mit sehr starken Auswirkungen auf ihr Leben handelte, bat ich sie zudem, so objektiv wie möglich zu sein.

Mit Interesse stellte ich fest, dass diese Ergebnisse in allen Fällen positiv waren. Das mag bei Ihnen nicht unbedingt auch so sein, aber hier war es so. Schauen wir sie uns an.

Das Ergebnis des Geschehens

1. Ich glaube, dass ich sie in gewisser Hinsicht jetzt mehr liebe als damals. Ich habe gelernt, sie bedingungslos zu lieben. Und was mein eigenes Leben angeht, so habe ich zu einer Freiheit gefunden, die mir, als wir zusammen waren, unbekannt war.
2. Das Leben ging weiter. Ich habe ein paar Entscheidungen in Bezug auf Krieg als Mittel der Konfliktlösung getroffen; Fälle, in denen es für mich okay ist, und Fälle, in denen ich es absurd finde.

3. Ich habe die Beziehung zu meiner Tochter schätzen gelernt, und diese Beziehung gedieh.
4. Ich habe den menschlichen Schmerz und die Tiefe, die er erreichen kann, auf umfassendere Weise verstehen gelernt und bin entschlossen, nie Urteile über andere zu fällen, die für sie schmerzlich sein könnten. Ich schätze nun das Leben mehr als je zuvor.
5. Ich habe gelernt, mit den Meinungen und Gedanken meines Vaters über die Dinge zu leben, auch wenn sie mit den meinen nicht übereinstimmen. Ich habe erkannt, dass ich nicht »mein Vater«, sondern dass ich ich bin. Und indem ich meinen Vater sein ließ, wer er ist, konnte ich ihn schließlich bedingungslos lieben, wodurch wir, als er starb, einander sehr nahe sein konnten.

Durch diese Übung sollten Sie erkennen, dass das letztliche Ergebnis einer Erfahrung weitaus öfter durch unsere Gedanken darüber als durch die Erfahrung selbst bewirkt wird.

Tatsächlich ist dies immer der Fall.

Kein Ding ist allein für sich genommen von Bedeutung. Unsere Vorstellung davon und unser Denken darüber bewirken, dass es eine Bedeutung bekommt und entscheiden darüber, in welcher Weise es von Bedeutung ist. Und diese Vorstellung, dieses Denken, gründet sich entweder auf unsere tatsächliche Erfahrung oder auf unsere verzerrten Wahrnehmungen.

Wenn uns dies alles erst einmal klar geworden ist, fällt es uns leicht, unsere unerledigten Angelegenheiten zu Ende zu bringen. Wir erkennen die gewaltige Wahrheit, die in Walt Kellys wundervoller Beobachtung seiner Komikfigur Pogo liegt:

»Wir sind dem Feind begegnet ... und er ist wir.«

Wir erkennen, dass wir selbst unser schlimmster Feind waren.

Die Rolle, die das Sprechen der Wahrheit spielt

Der nächste Schritt, um unsere unerledigten Angelegenheiten zu erledigen, besteht nun darin, dass wir zu jedermann die Wahrheit über alles sagen.
Es gibt fünf Ebenen des Sprechens der Wahrheit:
1. Sagen Sie sich selbst die Wahrheit über sich selbst.
2. Sagen Sie sich selbst die Wahrheit über einen anderen.
3. Sagen Sie einem anderen die Wahrheit über Sie selbst.
4. Sagen Sie einem anderen die Wahrheit über einen anderen.
5. Sagen Sie jedermann über alles die Wahrheit.

Trachten Sie danach, schnellstmöglich zur fünften Ebene des Sprechens der Wahrheit zu gelangen. Sagen Sie jedermann über alles die Wahrheit. Das ist eine ganz erstaunliche Lebensweise und einer der wesentlichen Schritte bei Ihrer eigenen Wiedererschaffung. Er erfordert Furchtlosigkeit, aber nicht Ungehobeltheit; Mut, aber nicht Unsensibilität. Denn Furchtlosigkeit ist nicht Taktlosigkeit, und Mut ist nicht gesellschaftliche Plumpheit.

Sie werden Ihre unerledigten Angelegenheiten erledigen und zu einem Ende bringen, wenn Sie die Wahrheit über sie sagen, *was immer* diese Wahrheit ist.

Erstellen Sie nun zu diesem Zweck weitere Listen mit *allen* wichtigen negativen Erklärungen in Ihrem Leben, so wie Sie es davor mit den fünf Begebenheiten gemacht haben. Diese Listen mögen einige Zeit in Anspruch nehmen – vielleicht brauchen Sie ein paar Tage dazu –, lassen sie sich also alle Zeit, die dafür erforderlich ist. Sind Sie damit fertig, dann schauen Sie, was

Ihnen im Zusammenhang mit dem, was auf den Listen steht, in den Sinn kommt. Notieren Sie nun jeweils auf einem eigenen Blatt Papier die Namen all der Leute, mit denen es Ihrem Gefühl nach noch etwas »Unerledigtes« in Bezug auf diese Dinge gibt; also immer ein Name auf einem Blatt Papier.

Diese Menschen mögen sich gegenwärtig noch in ihrem Körper aufhalten oder schon den Übergang aus diesem irdischen Leben vollzogen haben. Es spielt keine Rolle. Schreiben Sie einfach ihre Namen auf, und wie gesagt, immer ein Name auf einem Blatt.

Schreiben Sie dann unter dem Namen der notierten Person folgenden Satzanfang:

Ich habe Angst, dir zu sagen, dass ...

Bringen Sie diesen Satz wahrheitsgemäß, aufrichtig und vollständig zu Ende.

Nehmen Sie sich das nächste Blatt und die nächste Person auf gleiche Weise vor. Führen Sie das weiter, bis Sie zu allen von Ihnen notierten Personen einen vollständigen Satz formuliert haben. Gut. Wenn sich nun die Person, an die Sie Ihre Aussage gerichtet haben, sich noch in ihrem Körper aufhält, dann *geben Sie ihr das Papier mit Ihrer Aussage.*

Wenn Sie das Ihrem Gefühl nach nicht tun können, dann fragen Sie sich, warum. Kommt es Ihnen zu gefährlich vor? Was würde Ihrer Meinung nach passieren, wenn Sie es ihr trotz Ihrer Angst geben würden? Welches Resultat möchten Sie vermeiden? Hat es Ihnen in der Vergangenheit genützt, dieses Resultat zu vermeiden? Wie würden Sie sich fühlen, wenn Sie dieser Person einfach die Wahrheit sagen würden? Wäre das für Sie eine Befreiung? Was befürchten Sie, würde passieren, wenn Sie davon befreit wären, diese Lüge zu leben?

Genau das meinen wir, wenn wir vom Erledigen Ihrer unerledigten Angelegenheiten sprechen. Sie können beim Prozess des Wiedererschaffens Ihres Selbsts keine wirklichen Fortschritte machen, wenn und solange diese Arbeit nicht getan ist. Sollte sich nun die Person, an die Sie eine Aussage gerichtet haben, nicht mehr in ihrem Körper aufhalten, dann haben Sie die Möglichkeit, einen inneren Dialog mit dieser Wesenheit zu führen.

Suchen Sie sich einen Ort in Ihrer Wohnung, wo Sie zwei Stühle mit gerader Rückenlehne aufstellen können. Stellen Sie die beiden Stühle einander zugewandt und etwa einen Meter voneinander entfernt auf. Setzen Sie sich auf einen Stuhl und lassen Sie im Geiste die betreffende andere Person auf dem anderen Platz nehmen.

Sitzen Sie einen Moment lang einfach ruhig auf Ihrem Stuhl und stellen Sie sich vor, wie es für die andere Person wäre, wenn sie sich tatsächlich hier bei Ihnen befände. Wenn es Ihrem Gefühl nach richtig ist, dann sagen Sie »Hallo« zu dieser anderen Wesenheit, heißen Sie sie willkommen und teilen Sie ihr auch mit, dass Sie auf diese spezielle und besondere Weise an sie denken, weil Sie sie etwas wissen lassen möchten. Lesen Sie ihr dann Ihre Erklärung vor, die mit dem Satz begann: *Ich habe Angst, dir zu sagen, dass ...* Sobald Sie mit dem Vorlesen fertig sind, stellen Sie fest, wie Sie sich fühlen. Wenn Sie »spüren«, was die andere Person darauf erwidern könnte, wechseln Sie auf den anderen Stuhl über. Richten Sie nun das Wort an Ihr gegenübersitzendes Selbst.

Wenn Sie das Gefühl haben, genau das gesagt zu haben, was diese andere Person im Moment sagen möchte, setzen Sie sich wieder auf Ihren eigenen Stuhl und antworten.

Führen Sie diesen »Dialog« so lange fort, wie es sich für Sie gut anfühlt. Achten Sie darauf, wie Sie sich fühlen, wenn die Prozedur vorbei ist.

Dies nennt man inneren Dialog. Das kann ein ganz wunderbarer Prozess sein, der zuweilen noch wirkungsvoller ist, wenn eine weitere Person dabei ist. Suchen Sie sich eine Person, die Sie sehr gerne hat, die diesen Prozess versteht und

auch begreift, was Sie hier zu erreichen versuchen.
Und *was* versuchen Sie zu erreichen? Sie sind einfach bestrebt, ein paar Gefühle auszudrücken und aus Ihrem System zu kriegen. Sie wollen ein paar Wahrheiten durchgehen, ein paar wichtigen Gedanken Ausdruck geben, ein paar Dinge sagen, die gesagt, und auch gehört werden müssen. Und hört diese andere Person, an die Sie sich wenden, auch wirklich, was Sie zu sagen haben?
Ich glaube, die Antwort ist »ja«.
Doch die Frage ist irrelevant, weil Sie von dieser Prozedur profitieren, gleich ob es sich nur um ein »Gedankenspiel« handelt, oder ob tatsächlich ein Dialog zwischen den Seelen stattfindet.
Es existieren noch viele andere Möglichkeiten, wie Sie Ihre »unerledigten Angelegenheiten erledigen können«. Es gibt unendlich viele Workshop-, Retreat- und Seminarmöglichkeiten. Programme, Vorträge, Predigten, Bücher … die

Welt ist voller Werkzeuge und Gelegenheiten dazu. Diese Arbeit *kann* geleistet werden.

Und wenn sie dann vollbracht ist, werden Sie sich so erfrischt, so erfüllt, so neu belebt und erneuert fühlen, dass Sie sich sicher fragen werden, warum Sie es so lange aufgeschoben haben, und warum Sie so lange damit gewartet haben, *weiterzukommen.* Und das bringt uns zu Schritt 3.

SCHRITT 3

ENTSCHEIDEN SIE, WAS JETZT FÜR SIE WAHR IST

Der Wiedererschaffungsprozess ist eine *Entscheidung*, keine Entdeckung. Das heißt, es geht nicht darum, dass wir etwas über uns selbst herausfinden, sondern es geht darum, dass wir etwas für uns wählen.

Solche neuen Entscheidungen zu treffen kann schwierig sein, wenn wir noch durch unsere alten Gedanken, unsere alten Vorstellungen über unsere Vergangenheit und unsere alten geistigen Konstrukte behindert und belastet werden. Aus diesem Grund ist es nötig, dass wir unsere unerledigten Angelegenheiten erledigen und bereinigen. Ist das getan, eröffnet sich uns ein Raum, den wir mit einer neuen Schöpfung, einer neuen

Vorstellung, einem neuen Konzept von Wer und Was Wir Sind füllen können.

Wir müssen nicht mehr aus einem »Ich habe immer Pech« oder »Ich bin hässlich« oder »Ich bin nicht liebenswert« oder »Ich bin immer das Opfer« oder »Ich bin es nicht wert« heraus agieren. Endlich können wir von einem »Ich bin wundervoll! Ich bin machtvoll! Ich bin ein Gewinner! Ich bin großartig!« ausgehen. Und sogar von einem »Ich bin der Urheber/die Urheberin meiner eigenen Erfahrungen. Und jede Erfahrung, die ich mir habe zukommen lassen, war für das Erschaffen von Wer Ich Bin und in diesem Moment Zu Sein Wähle perfekt.«

Das ist eine sehr unterstützende und befähigende Feststellung. Es ist eine Erklärung, die uns aus unserer Opferhaltung herausführt – wir sind nicht länger den Auswirkungen des Lebens unterworfen und in den Raum reiner Schöpfung gestellt.

Es ist der Anfang des neuerlichen Erschaffens.

Wir haben den Moment reiner Schöpfung erreicht, wenn wir erkennen und erklären, dass wir *immer,* zu allen Zeiten unseres Lebens, in diesem Moment unser Sein hatten.

Wir müssen nicht unbedingt verstehen, *warum* wir und was wir erschaffen haben, warum wir die Wahl trafen, bestimmte Erfahrungen in unserem Leben auf bestimmte Weise zu machen. Wir haben es eben getan, und damit hat es sich. Hören Sie mit solchen Fragen auf. Hören Sie auf, sich nach dem Warum zu fragen. »Warum?« ist die unwesentlichste Frage bei diesem ganzen menschlichen Abenteuer. Sie ist sinnlos, bedeutungslos, fruchtlos und führt zu nichts weiter als zu noch mehr Fragen mit gleichermaßen sinnlosen Antworten.

Es gibt nur eine Frage, die einen Wert hat, die im gegebenen Augenblick von Bedeutung ist: Was wähle ich jetzt? Das ist alles, was zählt. Die Antwort auf diese Frage ist der Schlüssel zu Ihrer Zukunft. Sie ist der Treibstoff für den Motor

Ihres Erlebens. Und denken Sie daran: *Sich nicht zu entscheiden ist auch eine Entscheidung.* Denn wenn Sie keine *spezifische* Wahl treffen, bedeutet das, dass Sie wählen, was immer das Leben Ihnen bringt. Und das ist nicht gerade sehr selbstbefähigend und ermächtigend, oder? Gehen wir also zu einem anderen Prozess über. Nehmen Sie bitte wieder das Blatt Papier zur Hand, das Sie für die Übung 2 benutzt haben und verwenden Sie es nun für die Übung 3.

Übung 3

Überprüfen Sie noch einmal jene fünf negativen Erfahrungen, die sich am stärksten in Ihrem Leben ausgewirkt haben. Lesen Sie Ihre Aussagen in den Tabellen 2 und 3 noch einmal durch. Und entscheiden Sie dann in jedem einzelnen Fall, von Nummer 1 bis 5, *Wer und Was Sie in Bezug darauf jetzt zu sein wählen.*
Wenn Sie zum Beispiel als Kind sexuell belästigt

oder vergewaltigt wurden und dies eine der fünf Begebenheiten auf Ihrer Liste ist, dann entscheiden Sie, Wer und Was Sie *jetzt* in Bezug zu dieser Erfahrung zu sein wählen. Treffen Sie die Wahl, zornig zu sein? Treffen Sie die Wahl, traurig zu sein? Treffen Sie die Wahl, misstrauisch zu sein? Treffen Sie die Wahl, in sexueller Hinsicht frigide zu sein? Treffen Sie die Wahl, in Ihren Beziehungen gestört zu sein? Treffen Sie die Wahl, sich weiterhin als Opfer zu fühlen und aus diesem Gefühl heraus zu leben? Treffen Sie die Wahl, geheilt zu sein? Treffen Sie die Wahl, aus dem Verstehen, dem Mitgefühl, dem Vergeben und der Liebe heraus zu leben?

Was *wählen* Sie?

Zeichnen Sie eine Tabelle wie auf Seite 109 und füllen Sie zunächst die erste und die dritte Spalte aus.

Negatives Ereignis	Was ich in Bezug dazu jetzt zu sein wähle	Was ich zu wählen pflegte

Fällen Sie nun einige Entscheidungen und füllen Sie die zweite Spalte aus. Seien Sie sehr achtsam, denn Ihr neues Selbst wird aus diesen Entscheidungen hervorgehen: Treffen Sie diese Entscheidungen sehr bedacht und sehr bewusst, das heißt mit vollem Bewusstsein.

Schauen Sie, ob es hinsichtlich dieser fünf negativen Begebenheiten irgendeinen Unterschied gibt zwischen dem, was Sie jetzt gewählt haben, und dem, was Sie zu wählen pflegten.

Wenn es einen Unterschied gibt, dann achten Sie darauf, ob sich im Verlauf der Zeit aufgrund Ihres neuen Denkens darüber eine neue Qualität in Ihrem Leben einstellt.

DIE WELT IST VOLLER SCHLAFWANDLER

So viele Menschen gehen unbewusst durchs Leben. Man kann es auf den Einkaufstraßen an ihren Gesichtern sehen. Mangel an Bewusstsein. Mangelndes Interesse an allem, was mit »Bewusstsein« oder mit der »Bewusstwerdungs-Bewegung« zu tun hat.
Oft laufen diese Menschen wie Zombies herum. Da ist kein Lächeln auf ihrem Gesicht. Da ist kein Hüpfen in ihren Schritten. Da ist keine Energie in ihrem Körper.
Der Anblick dieser Leute macht sehr traurig. Doch das Allertraurigste daran ist, dass sie nicht einmal wissen, was sie sich da antun. Die Leute haben so sehr den Kontakt mit ihren Gefühlen verloren, dass sie oft nicht einmal *wissen* – sich nicht *gewahr* sind –, dass sie wirklich unglücklich

sind (ganz zu schweigen von den Gründen dafür).

Es ist noch nicht viele Jahre her, dass eine Frau zu einem meiner Seminare kam. Sie sah eisenhart aus. Ihr Stirn war tief gefurcht, sie hatte dunkle Ringe um die Augen, ihre Lippen waren fest zusammengepresst. In den ersten vierzig Minuten lachte sie kein einziges Mal. Sie lächelte auch nicht. Schließlich fragte ich sie: »Wie geht es Ihnen heute Abend?«

»Was meinen Sie?«, fragte sie misstrauisch.

»Ich meine, sind Sie glücklich? Sind Sie ein glücklicher Mensch?«

»Ja, ich bin glücklich«, erwiderte sie. »Gut«, sagte ich, »dann sollten Sie das auch Ihrem Gesicht sagen.«

Ich forderte sie dazu auf zu lächeln, ein bisschen heiterer zu werden, ein bisschen Leuchten in ihre Augen zu bringen. Diese Frau war so unglücklich, dass sie nicht einmal wusste, dass sie unglücklich war. Unglücklich zu sein war so sehr zu ihrer Lebensweise geworden, dass es ihr *normal* vorkam. Gesellige Menschen, Menschen, die den Spaß liebten, fröhlich und offen waren, kamen ihr *abnorm* vor. Sie hielt sie tatsächlich für »unnormal«.

Sie betrachtete solche Menschen und fragte sich (wie ich später erfuhr), was diese wohl wollten; warum sie eine solche Show veranstalteten und wie sie es fertig brachten, so gut zu heucheln. Sie war ehrlich überrascht, als sie schließlich herausfand, dass die meisten dieser Menschen gar keine Show veranstalteten, dass sie *nichts* von ihr wollten, und dass sie eine solche echte Herzenswärme und Gemütlichkeit gar nicht »heucheln« konnten, selbst wenn sie es gewollt hätten.

Man rechnet heute viele persönliche und spirituelle Aktivitäten der »Bewusstwerdungs-Bewegung« zu. Einer der Gründe dafür ist, dass aus dem *bewussten Gewahrsein* dessen, was sich bei uns abspielt, Umwandlungen, Veränderungen und Verbesserungen vorgenommen werden.

PRINZIP 12

Die bewusste Wahl erschafft neues Bewusstsein. Neues Bewusstsein erschafft Erfahrung.

Alle Erfahrung entsteht aus dem Bewusstsein heraus. Alles Bewusstsein entsteht aus in Wachheit getroffenen Entscheidungen. Wir müssen im Gewahrsein leben. Wir müssen zu einer neuen Ebene von Bewusstsein gelangen.

DEHNEN SIE IHRE ENTSCHEIDUNGEN AUF IHRE ZUKUNFT AUS

Wenn Sie einmal entschieden haben, was von sich selbst Sie jetzt in Bezug auf die Vergangenheit erleben und erfahren möchten, dann dehnen Sie diese Entscheidungen auch auf die Zukunft aus. Das heißt, entscheiden Sie *jetzt*, Wer und Was Sie Sind und Wer und Was zu Sein Sie Wählen nicht nur hinsichtlich der Begebenheiten, die sich ereignet *haben,* sondern auch der Begebenheiten, die sich mal ereignen werden.
Was ist denn das? Unmöglich, sagen Sie? Überhaupt nicht. Und das ist übrigens der letzte Schritt im Prozess des Wiedererschaffens.

SCHRITT 4

ENTSCHEIDEN SIE, WAS FÜR SIE IN DER ZUKUNFT WAHR SEIN WIRD

Es ist nicht sehr bekannt oder wird nicht von vielen verstanden, dass wir schon *vorab* die Stimmungen, Reaktionen, Antworten und Erfahrungen wählen können, die wir in Zukunft *haben werden*. So wie man, bevor man sich auf dem Zahnarztstuhl niederlässt, beschließen kann, »dass es nicht wehtun wird«, kann man auch hinsichtlich anderer Erfahrungen im Vorhinein beschließen, was sie für uns sein werden.

Sie können diese Antworten und Reaktionen bewusst, willentlich und mit solcher Entschlusskraft wählen, dass nichts Sie davon abhalten kann. In dem Augenblick, in dem Sie dies tun, werden Sie nicht nur zum Meister oder zur Meisterin Ihres eigenen Schicksals, sondern auch zu einem Meister oder einer Meisterin des Lebens selbst.

Das Ironische daran ist, dass wir alle *wissen, dass wir das können*. Es gibt niemanden unter uns, der oder die nicht schon genau das getan hat – nämlich im *Vorhinein* entschieden, mit welchen Gefühlen er oder sie einer Sache begegnen wird. Und doch weigern wir uns aus nicht ganz einsichtigen Gründen, diese bereits geschärfte Fähigkeit regelmäßig in unserem Alltagsleben anzuwenden. Ganz im Gegenteil entscheiden wir uns dazu, diese außergewöhnliche Fähigkeit ausgesprochen selten einzusetzen, vielleicht bei einem halben oder einem Dutzend Gelegenheiten *in unserem ganzen Leben.*

Diese Beobachtung führt zu einer Frage, die unser ganzes Leben verändern könnte:

Was würde passieren, wenn wir diese Fähigkeit jeden Tag eines jeden Jahres, unser ganzes Leben lang einsetzen würden?

Die Antwort darauf lautet natürlich, dass wir selten, wenn überhaupt je einen Augenblick des Schmerzes, einen Augenblick der Qual, einen Augenblick der Bitterkeit, des Zorns oder der Frustration erleben würden. Unser Leben wäre in perfekter Ordnung, und das wüssten wir auch, denn wir haben ja *veranlasst,* dass es so ist.

Die *Ereignisse* unseres Lebens würden sich nicht unbedingt verändern; die Umstände würden sich vielleicht nicht verbessern, aber die *Erfahrung,* die wir mit diesen Ereignissen machen, würde sich für immer verändern.

Letztlich werden wir dann solche Augenblicke überhaupt nicht mehr wiederholen, *weil wir sie gemeistert haben.* Wir werden gelernt haben, sie zu akzeptieren und willkommen zu heißen; sie wertzuschätzen und sie als größte Geschenke des größten Schöpfers zu segnen. Als Geschenke, die uns gestatten, Wer Wir Wirklich Sind zu sein, zum Ausdruck zu bringen und zu erfüllen.

Wenn wir gelernt haben, solche Augenblicke, die wir vormals als chaotisch oder negativ bezeichnet hätten, zu akzeptieren und willkommen zu heißen, werden sie sich verflüchtigen. Denn *das Ding, dem wir uns widersetzen, bleibt bestehen, und was wir uns anschauen, das verschwindet.*

Auf diese Weise werden Sie sich (und Ihre Erfahrung des Lebens) wieder neu erschaffen haben.

So kommt es, dass unsere letzte Übung in diesem Buch sehr wohl die machtvollste sein könnte. Hier ist sie.

ÜBUNG 4

Erstellen Sie eine Liste von künftigen Erfahrungen, von denen Sie sich vorstellen, dass Sie sie machen werden. Selbstverständlich können Sie nicht alle vorhersagen, aber einige wahrscheinlich schon; sie existieren zumindest als Möglichkeit.

Beginnen Sie mit einigen nahe liegenden Dingen; es folgen ein paar Beispiele:

Einige Erfahrungen, die ich möglicherweise in Zukunft machen könnte

Mir wird im Verkehr die Vorfahrt genommen.
Ich habe Krach mit meinem Ehepartner.
Ich verliere einen Menschen, den ich wirklich liebe.
Ich fühle mich einsam.
Ich habe nicht so viel Geld, wie ich gerne hätte.

Notieren Sie nun neben jeder aufgeführten Situation die neue Erfahrung, die Sie Ihrer Wahl nach machen möchten, sollte sie denn eintreten. Schauen Sie sich diese Liste jeden Tag an, um sich die neue Wahl, die Sie getroffen haben, zu vergegenwärtigen. Denken Sie daran: Das Ding, dem Sie sich widersetzen, bleibt bestehen; was Sie sich anschauen, verschwindet.

Wenn Sie sich mit den von Ihnen als Möglichkeiten vorhergesagten Erfahrungen konfrontiert sehen (oder mit ähnlichen Erfahrungen), dann erinnern Sie sich daran, wie Sie diesen Augenblick Ihrer Wahl erleben und aufnehmen wollen. Bestehen Sie mit Ihrem Selbst darauf, ihn auch in dieser Weise zu erfahren.
Das nennt man *den Augenblick meistern.*
Und wenn Sie mehr und mehr solche Augenblicke meistern, dann erweitern Sie Ihre Liste von möglichen oder wahrscheinlichen künftigen Ereignissen, und treffen Sie wiederum eine bewusste Wahl, Wer und Was Sie in Hinblick auf solche Abenteuer Sind und zu Sein Wünschen.
Stehen Sie dem von Ihnen vorhergesagten Moment gegenüber, dann erinnern Sie sich an Ihre bewusst getroffene Entscheidung und treten Sie in die von Ihnen gewählte Erfahrung ein.

Zurückfallen in alte Gewohnheiten und Muster

Seien Sie nicht entmutigt, wenn es Ihnen nicht gelingt, sich binnen eines Tages oder einer Woche oder eines Monats von Grund auf neu zu erschaffen. Seien Sie beharrlich. Sie mögen feststellen, dass Sie angesichts einiger Begebenheiten, die Sie für sich vorhergesagt haben, wieder in alte Muster und Verhaltensweisen zurückfallen. Wenn das der Fall sein sollte, vergegenwärtigen Sie sich einfach die von Ihnen getroffene Wahl – *und wählen Sie erneut.*

Machen Sie sich deshalb keine Vorhaltungen. Weigern Sie sich, sich selbst zu verurteilen. Nehmen Sie einfach nur Ihre Wahl zur Kenntnis ... und wählen Sie erneut.

*Wählen Sie immerfort die
großartigste Version der
größten Vision, die Sie je
von sich hatten.
Wählen Sie immerfort,
was Gott wählen würde.
Bleiben Sie bewusst, bleiben Sie wach,
und gehen Sie auf die nächste Gelegenheit zu,
Ihr Selbst wieder aufs Neue zu erschaffen.*

Und seien Sie vor allem nicht entmutigt, wenn das Leben immer schwieriger zu werden scheint. Denn in dem Moment, in dem Sie in Bezug auf Wer Sie Sind und Wer zu Sein Sie Wählen eine Entscheidung fällen, wird alles, was im Gegensatz dazu steht, in den Raum treten.
Das ist deshalb so, weil Sie nur im Raum dessen, was Sie Nicht sind, sein können, Wer und Was Sie Sind .
Sie können nicht dünn sein, wenn es so etwas wie dick nicht gibt. Sie können nicht groß sein,

wenn es so etwas wie klein nicht gibt. Ihnen kann nicht kalt sein, wenn es so etwas wie warm nicht gibt. Sie können nichts sein ohne die Existenz seines Gegensatzes. Dieser Sachverhalt wird in allen Einzelheiten in *Gespräche mit Gott* und auch in *Bring Licht in die Welt* erklärt.

Wissen und begreifen Sie also, dass Sie sich auf solche Schwierigkeiten gefasst machen können. Tatsächlich sind und werden sie Ihre größten Geschenke sein.

Gehen Sie nun und reichen Sie tief in Ihre Fantasie und Ihr Vorstellungsvermögen hinein, um dort die neue Vorstellung, die Sie von sich selbst haben, zu finden. Verbringen Sie diese Vorstellung in Ihre Erfahrungswelt; erschaffen Sie sie als Ihre neue Realität. *Erschaffen Sie sich aufs Neue nach dem Ebenbild Gottes.*

Damit werden Sie Ihre Bestimmung erfüllt haben. Damit werden Sie getan haben, was zu tun Sie hierher gekommen sind.

Die Schritte und Prinzipien in diesem Buch

PRINZIP 6: Leben ist Bewegung.

PRINZIP 7: Alle Bewegung ist Veränderung.

PRINZIP 8: Die Perspektive erschafft Realität.

PRINZIP 9: Alle Veränderung ist Schöpfung.

SCHRITT 1: Erkennen Sie Ihr Selbst als den Schöpfer/die Schöpferin all dessen an, was Sie neu erschaffen möchten.

SCHRITT 2: Erledigen Sie Ihre unerledigten Angelegenheiten.

PRINZIP 10: Keine Schöpfung ist böse, kein Schöpfer ist schlecht.

PRINZIP 11: Nichts ist von Bedeutung, nichts hat irgendeine Bedeutung.

SCHRITT 3: Entscheiden Sie, was jetzt für Sie wahr ist.

PRINZIP 12: Die bewusste Wahl erschafft neues Bewusstsein. Neues Bewusstsein erschafft neue Erfahrung.

SCHRITT 4: Entscheiden Sie, was für Sie in der Zukunft wahr sein wird.

Schlussbemerkung

Die von Nancy und Neale Donald Walsch gegründete Conversations with God Foundation (vormals ReCreation Foundation) bietet die Möglichkeit, mit den in diesem Buch vorgestellten Konzepten und Prinzipien auf der Erfahrungsebene weiterzuarbeiten. Im Wesentlichen ist dafür ein fünftägiges Retreat vorgesehen, das viermal im Jahr angeboten und von Neale geleitet wird.

Informationen dazu sind erhältlich unter:

Conversations with God Foundation
PMB 1150
1257 Siskiyou Blvd.
Ashland, OR 97520
USA
Tel.: 001 541 4828806
Fax: 001 541 4826523
E-Mail: Foundation@cwg.org
Internet: www.cwg.org

Register

Akzeptieren 46
Angst 56, 98f., 101
Antworten 115
Aphorismus 60
Bedeutung(en) 71, 86, 95
Bewegung 14ff., 25, 27, 39, 44
Bewusstsein 109f., 113
Beziehungen 58
Bibel 33
Bitterkeit 117
Bücher 103
Buddha 38
Definitionen 69
Denken 68, 87, 95, 109
Denkschubladen 58
Dialog, innerer 100ff.
Doktrinen 76
Einfluss 24
Einfühlungsvermögen 29
Einsicht 39
Einsichtsvermögen 29
Eltern 76
Empfinden 60
Energie 14, 72
Entscheiden, Entscheidung(en) 56, 69f., 76, 88, 104, 107, 113f., 120, 122
Entschlusskraft 115
Enttäuschungen 66
Entwicklung 43
Ereignisse 53, 66, 117

Erfahrung(en) 29, 53, 57ff., 61, 71f., 74ff., 80, 82, 84ff., 92, 94f., 105f., 108, 113, 115, 117ff.
Erfahrungsebene 61
Erfahrungswelt 20, 123
Erfolgschance 58
Ergebnis(se) 92ff.
Erinnerung(en) 66, 88
Erleben 80, 86, 107
Erlebnisse 89ff.
Erleuchtung 67
Erwartungen 55
Evolution 61
Fantasie 123
Feind 95
Formwandler 40
Fragen 106
Frauengruppen 84
Freunde 76
Frustration 117
Funktionsgestörtheit 82
Furchtlosigkeit 97
Gedanken 55, 102, 104
Gefühl(e) 55, 84f., 91f., 98f., 101f., 108, 110, 116
Gefühlschaos 75
Gemütlichkeit 112
Geschenke 117
Gesundheit 58
Gewahrsein 46, 59, 112f.
Glauben 29f.

Gotteserfahrung 36
Hemingway, Ernest 14
Herausforderung 60
Herzenswärme 112
Hoffnungslosigkeit 46
Individuum 77
Interpretationen 77
Jesus Christus 26ff., 62ff.
Johannes (Evangelist) 34
Karriere 58
Kelly, Walt 95
Kindheit 86
Kirchen 47
Konflikt 79f.
Konstrukte 86, 104
Kontakt 110
Kontext 16, 18f.
Korintherbrief (Bibel) 34f., 37
Körper 75f., 85
Kraft 47
Lehre(n) 76f.
Lehrer 74, 76
Lehrmeinungen 74
Liebe 30f., 67, 108
Losgelöstsein 55
Lüge 67, 99
Macht 46f.
Machtlosigkeit 47
Materie 27ff., 70
Meister, Meisterin(nen) 22, 24, 37f., 62f., 115f.

Missbrauch 79, 86f.
Mitgefühl 30f., 83, 108
Muster 121
Mut 97
Natur 41f.
Negativität 56, 82
New Age 58f.
Offenbarung 33
Ölberg 63
Opfer 108
Opferhaltung 105
Organisationen 46f.
Perspektive 16ff.
Philosophie 47
Plumpheit 97
Predigten 103
Programme 103
Qual 117
Qualität 109
Raum 27ff., 43, 104f., 122
Reaktionen 115
Realität 16ff., 66, 74, 84, 87, 123
Recreating 54
Religionen 46
Retreat 102
Römerbrief 34
Schaden 60, 66
Scham 56, 82, 86
Schande 75
Schicksal 116
Schmerz 21, 67, 69f., 89, 117
Schöpfung 41, 43f., 68, 104ff.

Schuld 48, 56f., 59f., 66
Schuldzuweisungen 60
Schwäche(n) 46, 63, 83
Schwierigkeiten 123
Schwingung 25f.
Selbst-Gewahrsein 43
Selbsthass 58
Selbsthilfegruppen 80
Selbstsabotage 58
Selbstzerstörung 58
Seminare 102
Sexualität 76, 85
Stärke 46f.
Stimmungen 115
Taktlosigkeit 97
Tod 70
Transformation 65
Trennung 70
Trost 48
Übungen
— Übung 1 49ff.
— Übung 2 88ff.
— Übung 3 107ff.
— Übung 4 118ff.
Umwandlungen 112
Unendlichkeit 61
Ungehobeltheit 97
Unsensibilität 97
Urteil(e) 76f., 87
Veränderung(en) 15f., 24, 39ff., 44, 112
Verantwortung 57, 59, 82
Verbesserungen 112

Vergangenheit 53, 99, 104, 114
Vergeben 108
Vergnügen 75
Verlegenheit 56
Verletzungen 60, 66
Verlust(e) 60, 66
Verständnis 65, 82f.
Verstehen 82, 108
Verurteilung 56
Verwandte 76
Vision 23, 122
Vollkommenheit 60, 62
Vorhaltungen 56f., 121
Vorstellung(en) 95, 104
Vorträge 103
Wachheit 113
Wagemut 24
Wahl 48, 119ff.
Wahrheit(en) 19, 36, 59, 74ff., 96f., 99, 102
Wahrnehmungen 95
Weisheit(en) 19, 45
Wiedererschaffen 23, 97, 99, 114
Wiedererschaffungs-
prozess 64, 104
Wille(n) 61ff.
Workshop(s) 54, 102
Wut 66, 81
Ziel 23
Zorn 56, 60, 66, 81f., 117
Zukunft 107, 114f., 119